EDITORA DO CONHECIMENTO

Auxiliando a humanidade a encontrar a Verdade

Aluno de Mirim

Aluno de Mirim

Sérgio Navarro

Todos os direitos desta edição reservados à
CONHECIMENTO EDITORIAL LTDA.
Fone: 19 3451-0143
www.edconhecimento.com.br
vendas@edconhecimento.com.br

Projeto Gráfico: Sérgio Carvalho
Ilustração da Capa: Banco de imagens

ISBN 978-65-5727-080-6
2ª edição - 2020

• Impresso no Brasil • *Presita en Brazilo*

Dados Internacionais de Catalogação na Publicação (CIP)
(Angélica Ilacqua CRB-8/7057)

Navarro, Sérgio
Aluno de Mirim / Sérgio Navarro — Limeira, SP : 2ª edição; Editora do Conhecimento, 2020.
98 p.

ISBN 978-65-5727-080-6

1. Umbanda 2. Umbanda – Estudo e ensino 3. Umbanda – Filosofia I. Título

19-2994 CDD — 299.672

Índice para catálogo sistemático:
1. Umbanda

Sérgio Navarro

ALUNO DE MIRIM

2ª edição — 2020

EDITORA DO
CONHECIMENTO

Sumário

Introdução

Há mais de 30 anos Benjamin Gonçalves Figueiredo fez a passagem para o plano espiritual, e pôde constatar, de forma inequívoca, os seus acertos e erros naquela presença encarnatória entre nós. "Erros?" – se surpreendem alguns – e muitos acertos, claro! Não foi fácil estar na pele de Benjamin, que além de pai de família ainda suportou firme a missão abnegada de ser médium de Caboclo Mirim e Pai Roberto. Todos nós, que também abraçamos nossa missão pessoal junto à espiritualidade, sabemos exatamente que, muitas vezes, erramos mesmo querendo acertar, pois somos gente: não há "santos" entre nós, encarnados! Somos espíritos vivendo na loucura deste mundo de ilusão, médiuns que se inspiram num plano invisível, mas que realizam no plano concreto. Que se regozijam, se frustram, choram e riem com sua família, seus irmãos de fé, e no silêncio da intimidade, rogando forças para levantar... porque cair, todos nós caímos! Tais quais as antigas artes marciais, também a "Escola da Vida" ensina a cair sem se machucar, e logo se levantar e continuar. Só se aprende lutando, se levantando e se aprimorando, sempre! Mais forte, mais experiente, mais determinado!

Estas são as primeiras linhas de um novo livro. Escrever sobre a "escola da vida" não deverá ser uma tarefa das mais fáceis, afinal, vou palavrear sobre cair e levantar? Sim. Vida é MOVIMENTO, é estar nela em plenitude! Por isso Caboclo Mirim sempre foi bastante pragmático: "Tá com problema? Roupa branca e terreiro!". Eu ouvi isso dele várias vezes. Eu e vários irmãos que, ainda jovens, tiveram a oportunidade de estar próximos a Benjamin e Mirim, no mesmo tempo e espaço. A minha geração, que viveu aqueles dias, tem dificuldade de expressar por palavras as experiências que vivenciamos. Mas fomos testemunhas do poder da Umbanda pela Escola de Mirim, desse caminho claro, onde só cabia cuidar de si, para somar! Uma prática religiosa onde a força do coletivo, espiritual e material, era irresistível em mudar realidades, em criar ambientes de confiança – total confiança – nos Guias e no trabalho de caridade de cada semana, e nos permitir sentir parte de uma verdadeira religião de amor! Com todo o respeito que tenho pelos demais irmãos umbandistas, há quarenta anos atrás acreditávamos realmente que não faltava nada no microcosmo da Tenda Espírita Mirim! Ali era a "verdadeira Umbanda", e fora dali, tudo era "Umbanda traçada" ou Candomblé. E onde se caminha sem dúvidas no coração, só há espaço para a FÉ.

Aquele universo era composto pela matriz – a tenda fundada e dirigida diretamente por Benjamin e Caboclo Mirim – e as dezenas de filiais e afiliadas espalhadas pelo Rio de Janeiro. Na matriz havia sessões de segunda e sexta (algumas dirigidas por Caboclo Mirim, outras pelos Abarés-Guassús) e a gira mensal no terceiro domingo de cada mês. Quem quisesse poderia estar todo final de semana em uma gira dentro do ritual da escola, pois tendas é o que não faltavam: chegou-se a mais de trinta tendas vinculadas à Mirim! Sempre havia um aniversário de uma casa, ou mesmo uma gira normal, onde íamos confraternizar.

O umbandista dos dias de hoje não tem noção do que foi a fenomenal liderança espiritual de Caboclo Mirim, principalmente a partir dos idos dos anos de 1940 até os anos 70, quando então o médium Benjamin já contava com mais de setenta anos. A união de valores em torno de uma causa atravessou longe as fronteiras da Tenda Espírita Mirim, uma organização fundada em 1924, portanto, já amadurecida na metade do século passado. Ver milhares de médiuns se inspirando numa só liderança parece impossível para a Umbanda atual, mas foi através desta força coletiva que a nossa religião abriu seus caminhos e afastou as trevas do preconceito. Atualmente, há uma pulverização de "mestres", e cada um reina em seu pedaço, mesmo todos nós tendo muito mais em comum filosoficamente, do que as aparentes diferenças ritualísticas! Entre os fiéis da Umbanda não é muito diferente. Muitos se animam e entram para o corpo mediúnico, mas no primeiro "não" (como educar sem dizer "não"?) a pessoa pula fora. E possivelmente vai continuar a "pular de galho em galho" até encontrar quem faça suas vontades, ou vai iniciar seu próprio "cantinho de caridade", onde não precisa se submeter a ninguém mais experiente, claro!

Toda religião é reflexo da sua comunidade, e as comunidades são uma amostra da sociedade em que estão inseridas. Não é a toa que o primado de Umbanda liderado por Benjamin tenha alcançado enorme sucesso no período pós-2ª guerra mundial, em especial nos anos 1960, auge também de grandes movimentos sociais do século XX. Naqueles tempos a juventude ganhou voz, havia um idealismo latente por um futuro de paz, com mais igualdade e justiça social, e milhares se uniam em torno de causas como a luta pelos direitos civis dos negros, ou o fim das guerras, por exemplo. A visão de um mundo melhor passava necessariamente pelo bem-estar de toda a coletividade, algo bem diferente do "cada um por si" dos dias de hoje.

O individualismo exacerbado, característico dos dias atuais, é um fenômeno recente, do final dos anos 1970 e início dos anos 80, assentado na cultura de consumismo desenfreado. A felicidade deixou de ser um estado de espírito visando um tempo futuro, para se tornar refém do prazer imediato, animado e glamoroso. Esta cultura do "agora" e do "novo" faz com que tudo seja usufruído hoje, e logo descartado, o que gera uma eterna insatisfação, devidamente disfarçada com sorrisos postados numa *timeline* qualquer.

Com a tecnologia atual, nunca estivemos tão facilmente próximos uns dos outros, em termos de comunicação e troca de informação. Mas talvez nunca tenhamos estado tão distantes emocionalmente entre nós. Não há empatia, o problema do outro é problema dele, culpa dele. E nessa repulsa por quem está fora da sua "zona de conforto", cresce a intolerância pelo diferente (social, político, étnico e religioso), gerando uma escalada de ódio que transborda nas redes sociais.

E por que essa reflexão sobre nosso momento atual, sobre o mundo que habitamos? Lembre-se que tudo ao nosso redor é fruto da soma dos pensamentos que geramos, dos sentimentos que nutrimos em torno de nós, e das atitudes que tomamos, ou não, em relação a tudo isso. Isso é a VIDA, a grande escola!

Como eu disse, antigamente não havia acesso a tantos livros sobre Umbanda, e muito menos internet para navegar em outras correntes dentro da religião. Isso era ruim? Não. Definitivamente a sua vida estava ali, na sua tenda! Mas sempre houve Umbanda fora da Tenda Mirim, e sempre houve aqueles cuja curiosidade era mais aguçada. Escondidos, iam numa Sessão do "Tranca Ruas" do seu fulano, ou na "Cigana" da dona beltrana, ver uma pólvora queimada, ouvir um batuque diferente. Mas era quase uma distração pessoal (e perigosa, vale dizer), pois nada daquilo ali se encaixava na realidade da nossa tenda. E não fazia falta!

Mas, com a internet, vivemos num mundo "globalizado", onde o negócio é mostrar felicidade e prosperidade nas redes sociais. E mesmo facilitando a comunicação e a troca de informação, trouxe um danoso efeito colateral: a exacerbação da vaidade, pessoal e institucional. O negócio é "parecer", e não "ser". A referência para muitos sacerdotes passou a ser a foto bonita, copiar o que é sucesso, numa competição velada. Além disso, hoje em dia há excesso de informação! Alguém vendeu a ideia que você precisa estar "por dentro" de tudo, e que há uma certa vergonha em não dominar os vários aspectos e características das diversas correntes da Umbanda, do candomblé, do *ifá*, dos juremeiros, bruxos, magos etc.. Que papo furado! Eu tive algumas oportunidades de ver essa garotada numa tenda querendo dar aula a uma C.C.T. (sacerdote maior da tenda de umbanda), quase intimidando, e tentando diminuir quem está ali só para fazer o bem, seguindo a raiz de sua fé. Pior ainda é o "fogo amigo", quando se fala nas "rodinhas", pelas costas do sacerdote, incentivando os outros a cobrar, sutilmente, a introdução de rituais estranhos à Escola de Mirim, tipo deitar para o *bori*, festa em dia de santo católico, gira para o "caboclo de couro", para o cigano, marinheiro, para as "santas almas", "exú-mirim"... ufa! Infelizmente, alguns comandantes cederam. É Umbanda? Acho que sim. Mas não é a "escola da vida" de Mirim, como veremos mais tarde.

Vivemos dias de um materialismo exacerbado. Materialismo científico e religioso. Enquanto o primeiro só cuida da matéria, o segundo materializou todo o conceito de Deus e suas manifestações, de tal forma que foram se esquecendo da candura e da transcendência da verdadeira natureza espiritual da criação. Religiosos pregam um céu longínquo, misturam as emoções da alma com as manifestações do espírito, e ambos com a linguagem própria do corpo físico. Sem exigir da personalidade a purificação física, emocional e mental tudo vira balbúrdia, sem condições de irradiar a verdadeira luz maior!

Este materialismo religioso é ágil em codificar o divino, vender teologias e apressar o sacerdócio de uma vida. Envolvidos neste clima, muitos jovens devem se perguntar: se está tudo na internet, para que ir à tenda? Para que gastar com transporte, "aturar" conselhos e orientações dos mais antigos dali, e ter de doar um pouco do seu tempo para que aquele espaço seja útil para uma gente que vem e vai sem sequer dizer "obrigado"? Eu acredito que seja pela vaidade, porque lá, no íntimo, a rapaziada tem noção que há um mundo virtual e um mundo real! Só ter *likes* ainda é pouco, então o negócio é dominar esse poder! E quantos médiuns se perdem no caminho, se associando com "quiumbas" para ser "o cara", o "dono" da sua própria tenda, para satisfazer o prazer dissimulado pela bajulação, de pessoas carentes de um "salvador" por perto?

Participar de um trabalho espiritual bonito, que te faz crescer como pessoa, vai além das aparências, porque é preciso estar realmente acompanhado de uma espiritualidade superior, que nos inspira. Quando bem selecionados, internet, livros e cursos auxiliam nos primeiros passos, mas na hora de servir como médium, é preciso deixá-los guardados. Será pelo SILÊNCIO mental que evitaremos nossa interferência no fluxo espiritual durante os trabalhos. Volto a lembrar: Umbanda é VIDA, e vida é MOVIMENTO!

Só se acrescenta algo de bom à alma por mérito! É preciso disciplina, dedicação e humildade. É preciso vivenciar e se integrar à egrégora de sua raiz espiritual, e assim as respostas que cada um busca irão aflorar, de dentro para fora, no tempo certo. Essa é a escola da vida: fácil aos olhos – afinal, é só colocar a "roupa branca" e ser assíduo – mas de difícil assimilação, porque não combina com a pressa nem com o "toma lá, dá cá" que se observa no "mercado religioso" dos dias de hoje.

No primeiro livro que escrevi, *Reflexões sobre a Escola de Caboclo Mirim* (**EDITORA DO CONHECIMENTO**, 2015), apresentei um estudo sobre a Umbanda praticada coletivamente nas tendas, e suas conexões com a tradição e a sabedoria ancestral da humanidade. Aqui vamos nos aprofundar na "escola da vida" no que se refere diretamente ao ser humano e sua jornada evolutiva. Aliás, este entrosamento e harmonia entre o coletivo e o individual é a maior característica da Escola de Mirim! Afinal, "onde estiverem dois ou três reunidos em meu nome, aí estou eu no meio deles. " Jesus. (Mateus 18:20)

Ainda estou nas primeiras linhas, mas desde já rogo aos Morubixabas da Umbanda a inspiração para a consolidação deste trabalho. Um livro, por si só, não muda uma realidade, mas pode servir de inspiração para que cada um, em sua tenda, viva o despertar para sua verdadeira espiritualidade, se desfazendo de tudo aquilo que é *fake*, que vem do ego, deixando assim a luz de sua centelha de vida brilhar mais forte!

> A nossa doutrina não conserta a vida de ninguém, mas cria condições para que cada um conserte a sua própria vida de acordo com o seu paladar.
>
> Caboclo Mirim

Refletindo sobre os princípios deixados por Caboclo Mirim, podemos elencar sete aspectos básicos da "escola da vida", que de forma interligada e complementar entre si, são o âmago de TUDO o que aprendemos e praticamos dentro da tenda, e principalmente, fora dela:

I) O foco humanista

II) Meu mundo, minha vida: disciplina

III) Ação e Reação: responsabilidades

IV) O universo particular: vibrações

V) Alquimia interior: emancipação

VI) Umbanda: caminho para as almas

VII Tempo e maturação

O foco humanista

> É preciso que cada filho de Umbanda saiba que o seu trabalho feito num terreiro depende muito e inteiramente da forma como ele vive a sua própria vida material.
>
> Caboclo Mirim.

A escola da vida vai muito além dos rituais, dos graus, dos grandes tambores ou das curimbas que cantamos na tenda, pois tudo isso está a serviço da escola. A escola da vida é a filosofia que sustenta a Umbanda que Caboclo Mirim ensinou, tal qual a alma que mantém um corpo físico. A Umbanda praticada na tenda é consequência da escola, é a parte visível alimentada pela inspiração e pelos ideais emanados pelos grandes morubixabas que conduzem nossa gente. Toda vida humana manifestada é energia condensada, mantida pelo fluxo constante da centelha de vida, o espírito. Não é diferente numa egrégora unida para modificar o ambiente, transmutando a matéria através da mudança de paradigmas, operando através da construção coletiva de milhares de pensamentos afins dos seus filhos de fé, vibrando numa mesma sintonia.

Nesta escola de despertamento espiritual do filho de fé, ser médium é um detalhe! Caboclo Mirim já alertava: "ser médium só não basta..."

O foco não é o orixá, o foco é o ser humano! É a reforma íntima, pela qual se eleva o padrão vibratório e se alcança um verdadeiro estado de harmonia e paz interior. A prática da escola da vida visa a saúde física, a higiene mental e a aplicação produtiva dos pensamentos para, desta forma, alcançar-se cada vez mais uma vibração íntima em ressonância com a própria centelha de vida. Neste processo de autoconhecimento, é bastante salutar se ter uma ideia um pouco mais ampla de alguns conceitos que envolvem a prática espiritualista, de forma que cada um possa entender o que os guias estão fazendo, colaborando mentalmente pelo sucesso dos trabalhos. Então, antes de adentrarmos na filosofia da escola da vida, vamos situar o ser humano neste universo de energias e vibrações, de uma maneira bem resumida.

"Conhece-te a ti mesmo"

A sabedoria antiga nos ensinou como somos feitos, de maneira bastante racional. Do mesmo modo que a ciência moderna esquematizou toda a vida, física ou química, numa escala de átomos que vibram em diferentes velocidades, os antigos também mostraram que a criação se manifesta em sete planos e vários subplanos que se interpenetram e vibram em frequências distintas. Os nomes desses planos variam entre as escolas religiosas, mas o fundamento é o mesmo: há três Planos "inferiores", a centelha de vida (o espírito), e mais três planos "superiores" ou divinos. A imagem ao lado representa um universo vibracional, multidimensional e inter-relacionado. Impossível de desenhar.

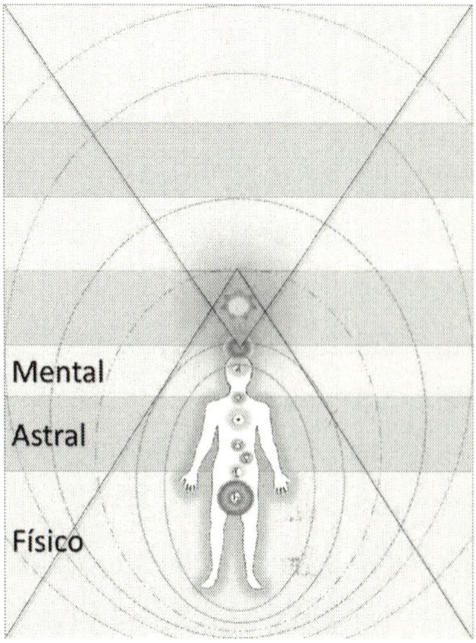

Não ousarei discorrer sobre os três planos superiores, que são os que levam adiante o estado de consciência para um contato com o mundo do próprio Divino Criador, mas podemos tentar ajudar na compreensão sobre a manifestação do espírito neste orbe, onde habita simultaneamente três veículos nos níveis dos planos físico, astral e mental.

Muitas são as tríades aplicadas na nossa Escola. Quem já estudou um pouco vai se lembrar de algumas, tais como o "Triângulo Supremo da Realidade da Vida" (Ação, Reação e Continuação); o "Triângulo Religioso" (Tupã, Oxalá e Yemanjá); a trindade arquetípica da Umbanda (Criança, Caboclo e Preto-Velho); as lições para o despertar do médium (escola de disciplina física, de fonte mental e da indiferença construtiva); os três ciclos iniciáticos em cada grau (Bojá-Mirim, Bojá e Bojá-Guassú / Abaré-Mirim, Abaré e Abaré-Guassú...) dentre outros que comentamos em nosso livro anterior. Então, de forma complementar, vamos analisar a estrutura do ser humano encarnado também por essa visão trina, classificando a constituição humana assim: "corpo físico", "corpo astral" (corpo emocional/ corpo dos desejos/mental inferior) e "corpo mental" (mental superior), mantidos por nossa centelha de vida (o espírito imortal).

A escola da vida nos traz a oportunidade de nos aprimorarmos pelo despertar da nossa semente divina neste orbe. Centelha de vida, antes livre, se faz "preso por vontade", nas belas palavras de Camões, o poeta. E na jornada de transcendência, sublima a matéria, faz espiritual a experiência humana, ao manter a chama do sagrado acesa no coração, ampliando os limites da nossa consciência. Esse processo de amadurecimento pessoal irá durar encarnações sucessivas, onde se avança mais e mais no desenvolvimento de cada um dos três "corpos" mencionados, o que está diretamente relacionado às três escolas de crescimento, ou ciclos, que formam a essência da "Escola da Vida" de Mirim: a escola de disciplina física, a escola da fonte mental e a escola de indiferença construtiva. Veremos no decorrer do nosso trabalho como a observância dos vários aspectos dessas escolas torna-se o foco central da nossa linda Umbanda!

Os "corpos" mencionados são diferentes entre si, cada qual adequado e apropriado aos diferentes meios de manifestação. Por exemplo, no plano físico, a consciência utiliza o corpo físico, que é formado de matéria física. No plano astral, ela usa o corpo astral, que é revestido da matéria astral do próprio meio espiritual. No plano mental, ela utiliza o corpo mental, que é revestido de matéria mental. Todos estes corpos (físico, astral, mental) portam graus da consciência maior, emanados do espírito (centelha de vida).

Corpo mental

Subdividido em faixas vibratórias, temos nas faixas mais densas o acumulo dos pensamentos mais materiais e mundanos, a soma de tudo aquilo que absorvemos pela cultura, tradição ou pela própria experiência. Mas nas camadas mais sutis se manifestam a inteligência cósmica, irradiada dos planos superiores. Por isso, é tão importante a reflexão, de forma a identificarmos em nossos próprios pensamentos aquilo que é apenas senso comum, pois o espírito, nossa centelha de vida, quer nos ampliar a consciência e elevar nosso padrão vibratório. Mas sem um constante exercício de interiorização, de individualização, continuaremos presos a estados mentais pré-estabelecidos, muitas vezes de baixa vibração. Nós nos tornamos aquilo que acreditamos!

No plano mental o corpo não tem forma, há apenas luz. E não apresenta diferenciação sexual, o que só ocorre em níveis mais próximos da matéria, nos corpos astral e físico. Perceba que o mundo mental não está restrito ao cérebro humano, que age mais como uma central de conexão e distribuição das frequências que por ali passam. Dá para imaginar o pensamento como um "gás " poderoso, que interpenetra qualquer tipo de vida, mas que para agir com a harmonia necessária sobre a matéria densa, precisa de um corpo intermediário, plasmável, moldado pela determinação do espírito. Assim, o "corpo mental" irá se alinhar com um "corpo astral", de forma que ambos possam se manifestar e experimentar uma vida material.

Corpo astral

As sensações, como sabemos, são muito mais fortes e divorciam-se por completo de nossas mentes afeitas à razão. É da natureza humana criar parâmetros sensoriais, rotulando aquilo que nos gera atração ou repulsão. Assim, tal qual as marés, estaremos constantemente indo e voltando, nos conectando e desconectando com ideias, sentimentos e pessoas, de modo quase instintivo. Essa energia emocional que interage com o mundo ao redor está diretamente relacionada à substancia pela qual é plasmado o "corpo astral" (ou "corpo dos desejos"), a sede do que hoje conhecemos como "inteligência emocional". Com forma idêntica ao corpo humano, porém mais sutil, o "corpo astral" possui um brilho próprio em função da sua própria vibração energética, o que nem sempre é em função da evolução do espírito. É o intermediário entre o espírito (atuando através do "corpo mental") e o "corpo físico", pelo qual interage através do campo energético que envolve este último.

Corpo físico

O que conhecemos por "corpo físico" nada mais é que energia de baixíssima frequencia, condensada; nossa parte biológica, de nervos, músculos e ossos com que lidamos todo dia. Caboclo Mirim sempre dizia que é um veículo de grande valor, que traz oportunidade ímpar de aprendizado para o espírito, pelo que precisamos mantê-lo saudável e em equilibrio, com disciplina, para que tenhamos qualidade de vida e bem estar. Vamos detalhar aqui um pouco mais, a fim de explicar como interage a matéria física com as energias em torno de nós.

Paz e harmonia íntimas passam também por saúde física, claro! Alguns órgãos exercem importantes funções de controle em nosso organismo, regulando o funcionamento da máquina humana. Além daqueles mais conhecidos, como o pâncreas, fígado, ou rins, há outros menos famosos trabalhando incessantemente pelo nosso equilibrio químico. Por exemplo, as glândulas endócrinas são responsáveis pela produção hormonal, que em conjunto com o sistema nervoso, regula e controla todas as funções de nosso organismo. Só para citar alguns casos, o sistema endócrino atua no crescimento de tecidos, no equilíbrio hídrico do corpo, na reprodução e no metabolismo de carboidratos. Ele é formado por uma série de glândulas, que secretam os hormônios que são lançados na corrente sanguínea, atingindo as células dos diversos tecidos do corpo humano, estimulando ou inibindo as funções metabólicas.

São chamados de PLEXOS os aglomerados de nervos e glândulas (ou gânglios) situados no corpo fisico, que regulam a vida vegetativa do corpo humano. Veremos mais adiante como as emanações espirituais se manifestam em nosso corpo pela atuação sobre esses plexos, ao constatarmos que esses plexos estão intimamente relacionados com a parte mais sutil da composição humana, a qual podemos chamar de "campo energético", que mesmo sendo invisível aos olhos, integra o pacote do "corpo físico", devida a sua intima relação com este.

Campo energético e energia vital

Esse campo energético normalmente se projeta para fora, nos envolvendo como um invólucro luminoso de forma ovóide, que pode se expandir ou se contrair de acordo com as circunstâncias, emoções, pensamentos etc. É o que vulgarmente chamamos de "aura", cuja cor, vista por alguns médiuns, é reflexo das energias circulantes, variando de aspecto conforme o estado mental e emocional do indivíduo. A aura pode ser clara ou escura, de diferentes colorações, conforme o tipo de vida que a pessoa leva: clara, se for uma pessoa boa, com energias positivas, de alto teor e vibração; escura se o indivíduo for uma pessoa de baixo padrão vibratório, negativa, densa, e geralmente, doente. É primordial o papel do campo energético na interação das energias sutis em torno de nós, e assim com a nossa biologia; consequentemente, com nossa vitalidade física. Por isso esse campo é também conhecido como corpo vital, corpo etéreo, duplo etérico etc.

Quando falamos em energias sutis, estamos nos referindo tanto às emanações geradas pelo próprio ser humano ou outros seres (encarnados ou não), quanto às que costumam impregnar os ambientes; e, principalmente, à que sustenta a vida orgânica, esta denominada por alguns espiritualistas de "fluido cósmico universal" ou *prana*. Quase todas as tradições dos povos antigos carregam em sua cultura esse conceito, com uma palavra específica para esta força da vida ou energia prânica. Além da *prana* na Índia, encontramos *chi* ou *qi* na cultura chinesa e *ki* em japonês. Até Allan Kardec desenvolveu o tema, designando o *Prana* como "fluído vital".

Além de presente em todo o universo, encontramos também pequenas quantidades de *prana* em qualquer alimentação natural, já que todo ser vivo absorve essa energia de vida, armazenada em cada molécula, em cada átomo! Há *prana* na luz solar, no ar que respiramos e até na terra que nos sustém:

– *Prana* solar: Promove a boa saúde e energiza o corpo inteiro. Claro que devemos ter cuidado com a exposição excessiva, mas não podemos ignorar o poder metabólico do sol da manhã em todos nós!

– *Prana* do ar: Enquanto respiramos, o *prana* é absorvido pelos nossos pulmões, e também é absorvido diretamente pelos chacras, pois o *prana* não é o oxigênio, mas é a essência da vida que está no oxigênio. Enchendo o peito lentamente, e de forma ritmada, absorvemos melhor o *prana* que pela curta respiração superficial.

– *Prana* do solo: É derivado da energia de vida presente na terra, absorvida pela sola dos nossos pés. Caminhando descalço consegue-se ativar a circulação do *prana*, aumentando o vigor físico e aliviando a mente.

O assunto é muito importante para os umbandistas, pois trabalhamos constantemente com o fluxo dessa energia vital. Por ser sempre uma referência, vejam o que diz Allan Kardec, em *O Livro dos Espíritos*:

> A quantidade de fluido vital não é a mesma em todos os seres orgânicos. Varia segundo as espécies e não é constante no mesmo indivíduo, nem nos vários indivíduos de uma mesma espécie. Há os que estão, por assim dizer, saturados de fluido vital, enquanto outros o possuem apenas em quantidade suficiente. É por isso que uns são mais ativos, mais enérgicos, e de certa maneira, de vida superabundante. O fluido vital se transmite de um indivíduo a outro. Aquele que o tem em maior quantidade pode doá-lo ao que tem menos, e em certos casos fazer voltar uma vida prestes a extinguir-se.

Se pode ser armazenado, e pode ser doado, dá para perceber sua relação com o trabalho mediúnico, e sua manipulação? O trabalho de todo médium é ofertar o seu melhor: físico, emocional e mental, sem o que estará "impossibilitado de produzir alguma coisa de útil", segundo Caboclo Mirim. Que também advertia que "cada cavalo vale apenas por si mesmo, assim, cada entidade ou guia aproveita o material que possui para realizar o que precisa." O resultado final do que chamamos "incorporação" nas tendas é o somatório dos nossos valores íntimos e das emanações espirituais, o que nos torna uma "fonte de irradiação saudável", também nas palavras de Mirim.

Por isso Caboclo Mirim orientava os filhos de Umbanda que era uma obrigação do médium mastigar bem os alimentos, saber respirar, saber beber água, saber deitar-se apropriadamente para dormir, cuidar da higiene externa e interna; bem como cuidar para evitar as agitações emocionais advindas das relações sociais, para assim aumentar o próprio potencial de vibração sadia a ser aproveitada em todos os setores da vida.

Em *O Livro dos Médiuns* Allan Kardec ainda acrescenta:

> O fluido próprio do médium se combina com o fluido universal que o Espírito acumula. É necessária a união desses dois fluidos, isto é, do fluido animalizado e do fluido universal para dar vida à mesa. Mas, nota bem que essa vida é apenas momentânea, que se extingue com a ação e, às vezes, antes que esta termine, logo que a quantidade de fluido deixa de ser bastante para a animar.

Fica claro, portanto, a importância deste campo energético na vitalização do corpo físico, seus tecidos e células, permitindo ainda o controle do "corpo astral" sobre o físico. Não há como deixar de registrar que é neste campo energético que se localizam os famosos CHACRAS, dos quais todo espiritualista já leu algo! Os chacras são centros de energia e consciência, conectados com vários daqueles plexos do nosso sistema nervoso e endócrino que comentei. E é através deles que ocorre a integração das energias cósmicas e vitais com o organismo vivo. Há chacras "maiores" e "menores", de acordo com a complexidade de sua atividade em relação ao conjunto. Mas para o umbandista aficionado por "tabelinhas", é importante lembrar que há várias escolas de pensamento religioso, e que por isso também há algumas divergências sobre quais os chacras principais e quais os complementares. Para não complicar, não vou mencionar cada diferença aqui, mas quem quiser estudar cada caso, indico:

– C. W. Leadbeater no clássico *Os Chakras* (**EDITORA DO CONHECIMENTO**), que ajudou a popularizar a visão hindu no Ocidente;

– Lama Anagarika Govinda em "Fundamentos do Misticismo Tibetano" (Ed. Pensamento), que apresenta os sistemas tibetanos de meditação, e os compara com outras escolas, como a japonesa Shingon;

– Edgard Armond em *Passes e Radiações* (Ed. Aliança Espírita Evangélica) que apresenta uma abordagem espírita, um pouco diferente de Chico Xavier/André Luiz em *Entre a Terra e o Céu* (Ed. FEB).

Então, se já há divergências na origem do tema "chacras", o que dizer quando se tenta correlacionar apenas sete chacras e apenas sete orixás da Umbanda? Sempre sou indagado sobre isso, mas é preciso dizer que Caboclo Mirim não deixou registradas suas exatas correlações, mas tive a oportunidade de ouvir e perguntar. Sendo assim, vou ousar apresentar meu ensaio sobre o tema, tendo por base tudo que aprendi dele e daqueles que conviveram com Benjamin. Vamos partir das funções tradicionais de cada chacra, lembrando sempre de como atuam os Sete Raios do Criador em nosso plano, para enfim apresentar nossa conclusão.

Chacra BÁSICO: Trabalha com a captação e acumulação das forças telúricas do orbe, relacionadas às necessidades físicas primordiais do "homem animal". Fortalece os ossos e articulações, trazendo resistência e estrutura a todo o corpo físico. Emocionalmente nos faz sentir integrados à natureza, ao mundo, aumentando a percepção de pertencimento, de comunidade e ancestralidade. Quando bem administrada no chacra genésico, a energia acumulada no chacra básico transitará pelo organismo, "ascendendo" e reativando os demais chacras (pelo que é de fundamental importância em trabalhos mediúnicos); mas se o chacra básico for excessivamente ativado, e mal canalizado, a energia ficará por ali mesmo, intensificado a bestialidade no homem, fazendo-o escravo do seu inferno íntimo.

Chacra GENÉSICO: Recebe os influxos do chacra básico e transmuta essa energia primária em atividade criadora, em todos os sentidos. Mas a mesma força que constrói, também destrói, pois a energia em si é neutra. Nós devemos ser senhores, e não escravos desse poder inebriante, por isso há de se ter extrema responsabilidade com o desenvolvimento do nosso potencial, que precisa vir sempre acompanhado de maturidade e sensatez. O chacra genésico regula as emoções instintivas, das profundezas do subconsciente, e as atividades ligadas ao sexo, essenciais à perpetuação da família. É a continuação da vida! Mas sua ativação irresponsável pode aumentar a libido em grau imprevisível, levando indivíduos ao esgotamento e sérios desequilíbrios emocionais, o que pode facilitar a ação de obsessores. Mas se a energia bem trabalhada ascender pelo ser, ativará os diversos chacras, e ampliará a percepção com a espiritualidade maior.

Chacra ESPLÊNICO: Responsável pela captação e circulação dos fluidos cósmicos vitais em todo o organismo, através do sistema nervoso e sanguíneo, ao ponto de se irradiarem pela pele, refletindo-se na aura. Energia em circulação é sinonimo de vitalidade, de vida e alegria! Por isso mesmo, quanto mais intensa a absorção e sua circulação, mais poderoso será o magnetismo individual aplicável às curas pela irradiação e doação de fluidos. Ao contrário, se a circulação for deficiente, pode se manifestar a depressão.

Chacra GÁSTRICO (ou plexo solar): Trabalha a ação direcionada para obter e canalizar energias, e não por acaso está localizado na área do estômago, pois ali, no plano biológico, ocorrem reações catabólicas onde moléculas mais complexas são rompidas e transformadas em moléculas mais simples, liberando nutrientes para o organismo. No plano emocional, este chacra trabalha nosso poder pessoal, nossa capacidade de escolha e motivação para levar a vida em frente, plena de força interior. Ação é a palavra-chave! Não por acaso este chacra atua também junto às glândulas suprarrenais, que produzem a adrenalina...

Chacra CARDÍACO: Também influi sobre a circulação do sangue, que é vida para o organismo! Vida será sempre sinônimo de movimento! As energias trabalhadas neste chacra despertam para um amor maior, incondicional, de intensa capacidade de dar e receber. Assim nos faz aptos a viver com integridade, bondade e altruísmo sinceros. Muitos espiritualistas registram ainda um oitavo chacra, localizado mais à esquerda e atrás do chacra do coração, na altura do emblema da nossa roupa branca, onde levamos a mão direita ao peito (citei aqui, para reflexão), conhecido por "câmara secreta do coração", diretamente conectado ao chacra da coroa. No hinduísmo ele é o símbolo do equilíbrio e da Justiça divina, lugar sagrado de Deus no homem, altar secreto, símbolo da ligação entre o "céu e a Terra", entre o Pai e o Filho, onde ressuscita o Cristo em nós!

Chacra LARÍNGEO: É canal entre a mente e o coração, sua ponte de ligação. Conexão é a palavra-chave! Este chacra atua na interação do nosso mundo interior com o mundo exterior e com todo o universo e, por isso, o chacra laríngeo trabalha parelho com o esplênico, responsável pela absorção do fluido vital cósmico. Conexão tem a ver com comunicação, que aproxima ou afasta pelo uso da palavra. Conexão que ocorre também através da mediunidade, que aproxima corações e mentes em planos vibracionais distintos.

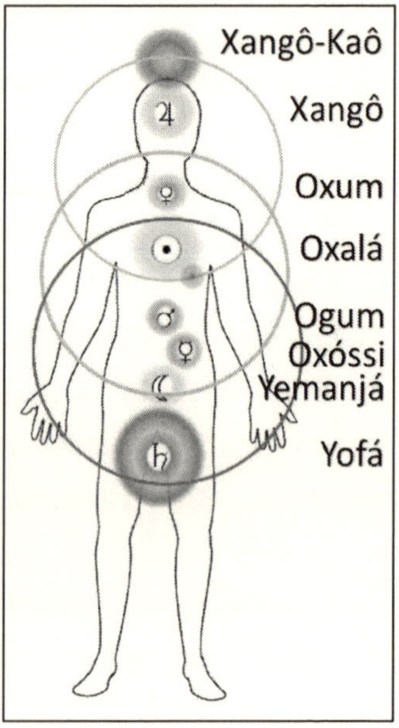

Chacra FRONTAL: Regula as atividades inteligentes da "mente inferior", ou seja, nossa capacidade de aglutinar ideias, raciocinar e refletir sobre elas. Discernimento. Mas este chacra pode trabalhar com os influxos do chacra coronário, o que nos permite ver as coisas muito além da racionalidade acadêmica. Assim, o chacra frontal nos abre a uma inteligência maior, uma "inteligência espiritual", uma clareza que nos faz compreender a profundidade da vida, ver e interpretar aquilo que se sente, fazendo a ligação entre a energia de cada um e aquela que o envolve. A intuição é o potencial trabalhado aqui, no espaço da nossa consciência, residência da sabedoria, que nos alinha ao nosso guia interior, e nos mantém plenamente ligados com todas as coisas.

Chacra CORONÁRIO: Também conhecido como chacra da

"coroa"; é o órgão de ligação com o mundo espiritual (ou mundo da "mente superior"), por onde trabalha o espírito para influir sobre os demais centros de força, através do "corpo astral".

Refletindo sobre os princípios de cada centro de força, acredito que a imagem represente bem a atuação dos Sete Raios e as linhas da Umbanda, em consonância com os demais principios da Escola de Mirim.

Fechando o ciclo

Como dedicamos algumas linhas a descrever a vida manifestada no nosso plano de existência, é apropriado um breve olhar sobre a morte. Dizia o antigo ocultista que "A morte é o nascimento para o astral", um novo plano, uma nova realidade, pelo que devolvemos o aparelho físico que tanto nos foi útil.

A morte é um processo de desativação e desacoplação dos "corpos" que mantêm a existência humana. Podemos dizer que, em geral, este processo se inicia quando o corpo físico deixa de ter as condições mínimas de sustentação dos demais corpos sutis, por não conseguir mais reter o *prana* da vida, que voltará ao todo, para novas combinações e utilizações no universo.

Para fins de estudo e capacitação do umbandista diante de um momento tão delicado, vamos ver como se dá a morte precedida de um tempo natural para o desligamento dos "corpos" (um pouco diferente da morte repentina).

Seja pela falência natural devida à idade avançada, doenças ou graves agressões ao aparelho físico, o fato é que nos momentos finais o "corpo astral" tenta, de forma automática (por ser o intermediário junto aos planos maiores) se agarrar e prolongar a vida no plano físico, antes do último suspiro de vida. O primeiro momento da morte, para a maioria das correntes espiritualistas, é aquele momento em que a medicina "declara a morte", ou seja, a hora que o coração para de bater definitivamente e começa o resfriamento do corpo. A partir daí, gradativamente, começam a se desprender os corpos sutis, que podem pairar sobre o corpo físico. O campo energético vai se desintegrar, mas ainda está ligado ao "corpo astral", por um breve espaço de tempo.

Então, o desligamento físico é só uma das etapas. Neste processo de transição, há ainda de se desligar o "corpo astral", não por acaso também chamado de "corpo emocional", depositário das experiências vividas na última encarnação. Aqui se inicia um processo de *upload* dos registros que impregnam o campo energético para uma memória astral. Segundo os estudiosos, as memórias são revisitadas em ordem invertida, ou seja, das experiências mais recentes até o que aconteceu na infância. Serão recordados todos os incidentes da vida, as ações, as relações, erros e acertos, na forma de um grande panorama. A importância dessa transição bem-feita permitirá a plena gravação das experiências vividas pelo espírito nesta grande escola da vida, enquanto aqui encarnado, ajudando assim na purificação maior da alma. A recordação clara e profunda ajuda o espírito a ter mais capacidade de compreensão dos seus erros na vida que se encerra, e por isso não deve acontecer de forma displicente.

Nesse processo é fundamental o tempo! É fundamental

que se dê sossego ao falecido! É necessário que não se crie dramas em volta dele, para que não gere sofrimento e o distraia dessa experiência importantíssima! Imagine a paz de quem está partindo com pessoas próximas ao corpo falando dos problemas que ficaram para resolver, das dívidas que o defunto deixou, ou das impressões pessoais dos "mui amigos" ("que canalha que ele era"). Melhor evitar a presença de pessoas das quais o falecido não gostava, né?

Ao velar um corpo, o faça de forma solene, com respeito, com carinho, com amor, de maneira que a energia em torno do que está acontecendo seja de serenidade para todos que estão ali. Recomenda-se esperar até 48 horas antes de se enterrar uma pessoa, porque o tempo total de desprendimento pode variar, até que esteja completo o desintegrar do campo energético. O espiritismo, através de Emmanuel (Chico Xavier), recomenda que se espere até 72 horas antes da cremação de um corpo físico, para que o espírito termine, sem qualquer dúvida, esse processo de rompimento do cordão de prata. Não que na cremação haja alguma dor para o espírito, mas alguns espíritos precisam mesmo de mais tempo para se desapegar emocionalmente daquela forma física que conheceram e com a qual conviveram algumas décadas aqui na Terra.

Resumindo, o "corpo astral" recebe as emanações do "corpo mental" e atua no "corpo físico". Com a desconexão da matéria, o "corpo astral" deveria se voltar plenamente ao "corpo mental" que o conduzirá para as etapas seguintes de aprendizados no plano astral, onde será o veículo de sua consciência. "Seres de Luz" não são chamados assim por acaso. Uma vez libertos da matéria, não necessitam de um "corpo astral", pois operam diretamente pelo "corpo mental", que, como vimos, é amórfico, apenas luz. Somente em casos específicos esses seres moldam um "corpo astral" para alguma missão interativa. Mas para a humanidade em geral não ocorre assim, então, estar junto de outros que reconhecemos é importante. O indivíduo que fez sua passagem amadurecido para esse momento, com sentimentos e pensamentos corretos alimentados durante a vida encarnada, certamente conseguirá se colocar junto a outros irmãos da mesma vibração no plano astral. Mas um navio sem capitão não chega a lugar nenhum! Como já disse, somos o que acreditamos! Quando a soma de nossas experiências terrenas se resumiu à busca da satisfação do corpo e dos prazeres sensoriais, sem qualquer reflexão sobre nossa própria responsabilidade diante da vida sagrada que recebemos, o "corpo astral" passará a ser um fardo, um peso que arrastará o ser junto a este orbe, vagando no plano desta existência física, ainda à procura de experiências que não lhe pertencem mais. Chamamos de "almas" os seres que, desvinculados da matéria física, ainda se veem presos à suas emoções e personalidade mundana.

São essas almas que obsidiam encarnados atrás do que querem, e sofrem as mazelas físicas, mesmo sem um corpo, por não perceberem que não o têm mais. Não é incomum encontrar seres que, por exemplo, ao terem uma perna amputada por causa de um acidente em vida, continuam sem a perna em sua cópia astral. É lógico que há meios de se reconstituir esse dano, através da intervenção dos seres de luz, tanto pela doação energética quanto pelo trabalho mental junto ao desencarnado, enquanto desperta gradativamente para uma nova realidade, deixando para trás a vida terrestre.

Portanto, é de grande amparo fraterno ajudar o irmão que

se avizinha do momento de encerrar seu ciclo nesta encarnação. Conversas serenas com noções do que é o "lado de lá", podem ajudar que ele próprio construa seu universo mental, mesmo que intuitivamente. Mas isso só é possível quando há uma relação de confiança conosco, permitindo que possamos abrir o coração e verdadeiramente compartilhar nossa fé na vida que não cessa. Vamos lembrar que aquilo que verdadeiramente somos é imortal, que a morte é uma troca de condição. Distâncias não existem para quem ama, pois, "o *amor* é a única coisa que transcende o tempo e o espaço."

Meu mundo, minha vida: Disciplina

> Seja dono do mundo material que você possui, não deixando que o mesmo seja o seu próprio dono. Goste do que lhe pertence, mesmo sendo pouco.
>
> Caboclo Mirim

Sábios de todos os tempos sempre lembraram que o que levamos para a eternidade é o que fazemos durante nossa jornada terrena: nossas experiências, nossos erros e acertos, nossas alegrias e nossas lágrimas. Assim é a escola da vida! Por isso, Caboclo Mirim ensinou que a luz inspiradora que recebemos da Umbanda precisa ser levada para fora da tenda, de forma a tornar sadio o ambiente em torno de cada um de nós, até o ponto de modificar o mundo material em que transitamos. O quarto onde nos recolhemos para descansar, onde regularmente nossa alma deixa o corpo físico, diz muito a respeito de quem somos por dentro. É um excelente início de caminhada na senda espiritualista ser mais exigente com o asseio íntimo, bem como com a higiene, a organização e beleza exterior de onde se habita.

> A desorganização material de cada um organizará um ambiente de indisciplina, consciente ou inconsciente que, ligada a outras forças iguais, aumenta consideravelmente o potencial de indisciplina física, dando ao ambiente uma depreciação na vibração da vida.
>
> Caboclo Mirim.

A escola da vida é pragmática, ou seja, é feita por ações direcionadas que resultam em resultados efetivos! Pode até parecer coisa de livro de "autoajuda", algo tipo "sete passos para o sucesso", mas sem uma nova atitude, sem mudança, sem esforço, não haverá mesmo transformação, meus irmãos. Nem adianta acender vela todo dia...

Como diz o nome, a escola "da vida" vai muito além de frequentar a tenda, evidenciando que a Umbanda transpassa as paredes do terreiro para o dia-a-dia de cada um! A experiência religiosa, de roupa branca, é só parte da lição, e entender isso é chegar próximo ao âmago da filosofia de Mestre Mirim!

Quando somos pequenos, conhecemos o mundo através das perguntas que fazemos aos nossos pais. E serão nossas perguntas que irão modular o conhecimento das respostas. É preciso ser pequeno quando adentramos uma tenda e, com humildade, aprender como se colocar e ser útil, de forma prestativa. Sabendo o que fazer, e como fazer, estaremos mais à vontade para observar tudo o que acontece ao redor. Assim também acontece na vida pessoal.

> O homem primitivo é aquele que ainda vive os seus sentimentos, sem qualquer compreensão consciente: tudo nele é natureza adormecida, quer tudo sem saber por que, e vive somente o desejo de agradar

> à sua moda as próprias vontades da curiosidade instintiva, não tendo absolutamente qualquer noção do que esteja fazendo. "
>
> Caboclo Mirim

Pertencemos a uma geração um tanto preguiçosa, a geração da tecnologia, da coisa pronta ao alcance de um clique, ou de um acesso via *app*. Somos educados a consumir sem muita reflexão sobre a real necessidade, pois há pressa em satisfazer o desejo! Tudo é efêmero, a "fila anda" rápido, uma novidade não dura muito e logo outra coisa parece mais interessante. Estamos mimados: eu quero, eu posso! Mas o mundo real ainda precisa de dedicação, de suor, de enorme esforço pessoal para se alcançar os objetivos. Isso vale para a vida profissional, pessoal e até emocional. Se firmar numa profissão requer habilidades adquiridas com estudo e treinamento; da mesma forma, nas relações amorosas é preciso conhecer o outro e suas motivações, tentando acertar o passo, num constante exercício de dar o melhor de si, com paciência e carinho.

Atingir um estado de felicidade e plenitude é o objetivo de qualquer um de nós, mas não devemos confundir "felicidade" com simples satisfação dos desejos. A busca pelo prazer é algo natural, instintivo e primevo, pois nossa biologia é realmente sensível às sensações regozijantes, afinal, geralmente queremos o que é mais gostoso! Essa programação mental é conhecida como "sistema de recompensas", que administra a produção de endorfinas (o "hormônio do prazer"). Foi desenvolvida naturalmente com o objetivo de garantir a sobrevivência dos ancestrais da raça humana. Por exemplo: sexo é gostoso, e o cérebro estimula a fazer mais para que aumentem as oportunidades de reprodução, e a geração de mais descendentes. Comer é gostoso, desta maneira o cérebro nos estimula a comer mais, porque na antiguidade havia pouca comida na natureza, e qualquer oportunidade de acumular energia seria garantia de maior resistência ao clima e às doenças.

Mas nos dias de hoje, para a maioria da raça humana, a comida não foge pelos campos, é só ir ao supermercado. Fazer filhos não é a principal função do sexo. E o prazer pode ainda ser encontrado em outras substâncias que, rapidamente, fazem efeito em nosso organismo, tais quais as bebidas alcoólicas e drogas de vários tipos. Aliás, por mais que pareça repetitivo, há grande perigo no consumo regular de entorpecentes. A inocente cervejinha, se consumida todo dia, faz estragos sérios ao organismo, e eu não estou me referindo ao fígado, o que todo mundo que bebe já sabe. Quero alertar sobre a acumulação tóxica, tal qual um veneno, que se faz em todos os órgãos e no perispírito. O consumo repetitivo, ou excessivo, afeta a circulação energética e o controle natural dos chacras, repelindo o intercâmbio com planos sutis do astral superior, bem como ampliando a conexão com forças mais densas, telúricas, o que leva a um inevitável e grosseiro materialismo, com perda de todo sentimento de autodomínio. Para qualquer espiritualista isso é o caminho garantido para a escravização, para a perda da dignidade, para a ruina da saúde física, moral e intelectual, através da aniquilação da própria vontade. No bar, é só piada e risadas. A vida se enche de alegria e de "amigos", mas a que preço?

Vamos combinar que não é difícil ficar viciado em ter prazer. Só que todo vício aprisiona, e frustra. É impossível viver fazendo apenas aquilo que dá prazer, sem se frustrar em algum momento. E dessa frustração percebe-se um vazio por dentro, uma angústia, que leva muitos até a estados depressivos, ou até à busca de coisas que tragam um novo alívio imediato, entorpecendo os lamentos da alma.

Felicidade é um estado de espírito, uma serenidade que nos acompanha e que não pode estar condicionada a uma relação amorosa ou uma barra de chocolate. Mas não é fácil assumir o controle de próprios desejos, pois muitas vezes percebemos que aquilo que um dia foi só um hábito, hoje "não podemos viver sem"! Coisas que se impõem em nossas vidas como "necessidade" podemos rotular de vício, não se restringindo apenas às drogas, lícitas e ilicitas. Posso lembrar, a título de exemplo, do vício de comer ou tantas compulsões que existem por aí, tal como a necessidade excessiva de pornografia, por comprar, por redes sociais etc.

Se o está incomodando, se você acha que algo está demais, tenha determinação e comece a tentar dizer "não". É válida a expressão "por hoje apenas". Concentre-se em manter sua vontade soberana pelo menos no dia dos encontros na tenda, lembrando a si próprio que você consegue ficar "de boa" e se "manter na linha" pelo menos naquele dia, em respeito a você e a todos os guias que o amparam na sua caminhada! É um exercício de vontade própria e de auto-estima. Pratique sem restrições, primeiro um dia apenas, depois sempre que quiser!

Diferente de algumas práticas escondidas sob o nome da nossa querida religião, a verdadeira Umbanda é liberdade! Alguém escravizado se sente diminuído, e vai sempre temer a mão severa do Senhor. Alguém escravizado não pode decidir coisa alguma. Alguém escravizado não pode seguir adiante. Para Caboclo Mirim, a Umbanda é o caminho! Há de se romper grilhões, e padrões, acreditando em você e no caminho!

É esse o efeito das existências esvaziadas; a vida é a viagem, a ideia é o itinerário. Sem itinerário, para-se. Perdido o alvo, morre a força.

Victor Hugo

O que vale na vida não é o ponto de partida e sim a caminhada. Caminhando e semeando, no fim terás o que colher.

Cora Coralina

Não vês que somos viajantes?
E tu me perguntas:
Que é viajar?
Eu respondo com uma palavra: é avançar!
Experimenta isto em ti
Que nunca te satisfaças com aquilo que és
Para que sejas um dia aquilo que ainda não és.
Avança sempre! Não fiques parado no caminho.

Santo Agostinho

Mas só caminhamos na escola da vida, do primeiro ao último passo, com DISCIPLINA! Sem disciplina, o indivíduo fica aprisionado pelas condições que não são controladas, isto é, pelo acaso. A disciplina íntima organiza a própria liberdade! Ter disciplina é cumprir regras, com bom senso! Como aprendizes no caminho, conselhos dos mais experientes serão sempre bem-vindos, mas ninguém tem de dizer como e quando você precisa agir. É preciso aguçar sua própria sensibilidade para entender que para tudo há uma consequência, um "preço" a se pagar. A vida é feita de escolhas, e nós escolhemos ser felizes, né? Tendo em mente que nada vem por acaso, começamos a entender que temos de assumir responsabilidades diante de nossas escolhas, e avaliar o "preço" que pagamos pelas coisas que queremos vivenciar.

Muitas vezes, para realizar algo que gostamos, temos de fazer coisas que não gostamos. Quem gosta de cozinhar, por exemplo, tem de encarar a louça suja. Para ser aprovado num concurso público, abre-se mão de momentos de lazer. Em vários aspectos da vida vamos encontrar coisas que não gostamos, mas que pelo resultado final, vale a pena aguentar. Na vida adulta, é importante ter consciência disso. Temos um emprego para ter uma fonte de renda, um retorno financeiro que vai permitir mais conforto para nós mesmos e para a família. Esse é o foco. Mas se tudo se resumir ao dinheiro, a vida se apequena, se torna banal, fútil, superficial e inútil. É preciso curtir a tarefa, gostar do que se faz, encontrar prazer na realização do trabalho, e que seja oportunidade de fazer o bem aos outros! Há de se enobrecer aquilo em que nos dedicamos, pois por menor que pareça a tarefa (inclusive aquelas domésticas), ela estará inserida em um processo maior, ela faz a roda andar, e as coisas acontecerem!

O cansaço ao fim do dia é normal, mas a alegria de saber que tudo deu certo tem de ser maior. É claro que se pode trabalhar com algo de que não se gosta para ter como fazer o que se gosta fora do trabalho. Mas tem de haver clareza nisso, consciência do que se está fazendo. De qualquer modo, estar de passagem num emprego, só para pagar as contas, não deveria significar ficar à margem de tudo ali, se colocando também de passagem naquela vivência. Qualquer ocasião será sempre oportunidade de aprendizado, de conhecer pessoas, e quem sabe, abrir portas diferentes para o futuro. Lembre-se, a viagem é sempre mais importante que o destino!

O valor da nossa vida material depende tão somente da sua situação em equilíbrio físico. Isto significa

> que, quanto mais tranquilos formos, mais harmonizada será a nossa vida material, que está sempre na dependência de executarmos todos os trabalhos físicos com o máximo de paciência, para não produzirmos reações violentas que, somadas a outras, venham colaborar com o grande mal-estar da coletividade.
>
> Caboclo Mirim.

Quando Mestre Mirim fala em "valor da nossa vida material" está falando em qualidade! Viver em harmonia significa saúde do corpo e da mente. A vida acontece em marés: algumas vezes alcançamos exatamente o que queremos, às vezes só em parte, e outras vezes temos de lidar com as frustrações de ficar no "quase". O fato é que a felicidade nos visita de vez em quando. Ela se apresenta e se ausenta em vários momentos, e por isso, quanto melhores as condições do ambiente em torno de nós, mais essa visita se torna "de casa". Com DISCIPLINA, minimizamos as variáveis do ambiente, ditamos o ritmo indispensável para a vida material, de forma a permitir que nossa centelha de vida consiga se expandir e produzir as melhores oportunidades de aprendizado espiritual nesta encarnação, dentro e fora da tenda!

> O nosso corpo tem um grande valor e, por isso, devemos dar-lhe todo o cuidado necessário, procurando, pela escola da disciplina física, o caminho mais saudável para que ele se sinta perfeitamente à vontade; e, então, expandindo-se como pode e deve, fornecer em princípio os meios de utilidade para que o nosso espírito os aproveite, encontrando a sua própria oportunidade.
>
> Caboclo Mirim

Como vimos no primeiro capítulo, a harmonia de um ser

encarnado é alcançada pelo alinhamento vibracional dos nossos "corpos" de tal modo que a centelha de vida, nosso espírito imortal, consiga envolver o "corpo mental" com sua luz, para que este modele o corpo astral, a sede das emoções e veículo da consciência no plano sutil deste orbe. A paz e a harmonia alcançadas envolvem, por sua vez, o campo energético vinculado ao corpo físico, auxiliando no perfeito funcionamento da nossa estrutura biológica. É assim que o espírito se faz presente na matéria, de tal forma que possa vivenciar as experiências de progresso nesta Escola da Vida! Como templo da alma, devemos conduzir nossa vida terrena com serenidade e ações que não produzam reações violentas no plano astral, para que a realidade física não acabe por sofrer com o "choque de retorno". Uma atitude mental correta e a atenção com aspectos da saúde do corpo andam juntas para uma encarnação sadia.

Esse será o primeiro desafio para um aluno de Mirim: ter disciplina consigo mesmo! Não queremos "santos", afinal ninguém é melhor que ninguém. Mas a Umbanda quer gente comprometida com sua própria harmonia íntima, e que não venha terceirizar seus problemas. Se há problemas espirituais, a egrégora da tenda saberá e estará trabalhando. Ao filho, cabe a responsabilidade por seus passos! Se precisa ser feito, FAÇA! Se precisa ir, VÁ! É um treinamento marcial mesmo, para que alguns valores sejam forjados de tal forma que não haja hesitação quando em condições adversas. Quem nunca decidiu malhar na academia, e depois de poucas semanas, já deixou para depois, porque está chovendo, está frio, chegou cansado do trabalho etc.? Quando se é aceito numa tenda, não é muito diferente. Nos primeiros meses de roupa branca o indivíduo sabe, no fundo do coração, que "o bicho tá pegando" e que ali pode receber o amparo que precisa. Mas não demora, a emergência passa, cicatrizes começam a se curar, e tudo começa a parecer melhor. Logo retoma a rotina da vida íntima, e falam mais alto os amigos, a balada, o conforto... e o remédio é esquecido. Com preguiça ninguém chega a progresso algum. O aluno de Mirim é persistente, e grato porque as coisas melhoraram. Mas é só uma batalha; afinal, foram anos de desacertos que não são equilibrados da noite para o dia.

Na escola da vida não se pede muito de um neófito, apenas que esteja sempre que possível na tenda, ajudando nos trabalhos, inserido na *vibe* em torno de si! "Sempre que possível" significa ser honesto consigo e com seus irmãos da tenda. Ninguém precisa conferir, pois só você perde estando longe. Enquanto não se entende isso, ainda não se é um verdadeiro aluno de Mirim. Na tenda, estamos todos sob a mesma egrégora de luz. Estar lá é estar de "corpo e alma", nunca por obrigação. Supere a preguiça, e colha os resultados!

Nos dias de trabalho espiritual, nossa primeira presença é MENTAL! Já na véspera, há respeito por aquele momento de comunhão espiritual, refletido em pequenas atitudes tais como conferir se o uniforme está limpo e passado e tentar dormir bem. No dia propriamente dito, intensificamos a conexão com tudo que vai acontecer, para assim ofertar o que há de melhor em nós! Aconselha-se evitar discussões bobas, bem como não se alimentar com comidas pesadas de difícil digestão, além de organizar os afazeres para que, na hora certa, possa se estar na tenda. Tem de ter vontade envolvida, pois não vão faltar pedras no caminho, a fim de afastar mais um da luz!

Aos médiuns de incorporação, principalmente os que trabalham no passe, Caboclo Mirim vai além do conselho, advertindo que é uma OBRIGAÇÃO cuidar da vida física do corpo, para que se possa efetivamente colaborar com um material psíquico-orgânico digno de ser utilizado nos trabalhos de caridade na tenda. Afinal, quem se propõe a auxiliar os guias de luz no momento de um passe e da doação energética deveria saber da enorme responsabilidade que assumiu. Imagine alguém doando sangue a um enfermo, se seu próprio sangue está contaminado por drogas ou uma doença?

Um aluno de Mirim precisa se acostumar com alguns bons hábitos, como aprender a mastigar bem os alimentos; beber água regularmente; respirar corretamente (respirações prolongadas pelas narinas); deitar para dormir em hora adequada a se ter o tempo necessário para permitir o descanso físico, e principalmente, mental; e executar os preceitos de higiene externa. Muita gente se preocupa com banho de ervas, de descarrego, etc, mas eu digo: Vamos começar, ao menos, tomando um bom banho de chuveiro, antes de dormir, de tal forma a deixar no ralo as contaminações energéticas de todo um dia mundano?

> O seu temperamento, as suas vontades pessoais, as suas queixas, rebeldia e o modo de indisciplina como trata o seu corpo físico e o seu corpo mental, a falta de educação quando se comunica com os estranhos e até mesmo pela falta de respeito que tem a si mesmo... Tudo isso prova a grande inferioridade do homem em completa oposição ao direito que ele tem à vida.
>
> Caboclo Mirim.

Faz parte também da escola de disciplina a mudança de atitude e do comportamento em sociedade. Temos de estar atentos à nossa postura diante da pressa e das agitações da vida cotidiana. Cuidado com o estresse, com a agressividade no falar e na falta de paciência com os outros. Não há justificativa para não sermos mais gentis, bondosos e meigos com os demais, de maneira a modificar naturalmente a brutalidade que tenta se avizinhar de nosso dia-a-dia.

Não esqueça: isso é um exercício que só surte efeito com a repetição e com a regularidade. Não há espaço para "férias"! Só você pode decidir pela mudança, e pela vibração que trará para seu ambiente. Preste atenção nas suas palavras! Cuidado com as armadilhas das redes sociais, com conflitos desnecessários causados muitas vezes pela pressa, sempre ela, de responder sem refletir nas CONSEQUÊNCIAS.

No início, não se preocupe em ter todas as respostas. Não se preocupe em filosofar sobre Deus e o universo. Seja simples, mas determinado! VALE A PENA! De nada adianta "sabedoria decorada", verniz social ou roupa branca na tenda, se não houver comprometimento! Esteja sempre lá, disponível, solícito, ajudando no que puder. Observe as boas práticas e a maneira certa de se posicionar. Acompanhe mentalmente as curimbas, perceba que são orações cantadas e trazem nas suas palavras grandes ensinamentos. Assim que der, tente cantar sem timidez! Pelo canto nos integramos com nossos irmãos, e principalmente com o sagrado!

Faça aos outros o que você quer para você. Respeite para ser respeitado. Não pode haver um "personagem" na tenda e outro no mundo profano. Por isso, o Mestre dizia:

> Seja qual for o seu estado civil, deve estar em condições de fazer prova da sua autoridade moral, bem como da sua conduta ilibada e exemplar, no lar e fora dele.
>
> Caboclo Mirim

Ação e reação: Responsabilidades

É lento o caminho do despertar. Ninguém muda de repente porque colocou "roupa branca" no terreiro, pois nos primeiros passos somos apenas uma pessoa comum, com nossa visão restrita da realidade, tentando ser uma versão melhor de nós mesmos. Alguns até têm um verniz social mais polido, e logo parecem mais "evoluídos" que os outros, na postura e nas falas. Mas é na conduta na vida cotidiana que a verdade aparece, e expõe quão bruta ainda pode ser a alma.

Na infância, alguns de nós tiveram os melhores professores da vida: nossa família! Outros, nem tanto. Nesse primeiro círculo social aprendemos logo cedo a desenvolver "máscaras", como forma de agradar e receber a aprovação emocional que tanto faz falta à criança. Assim, correspondendo às expectativas dos outros, somos queridos! E com o passar dos anos, a necessidade inconsciente de reconhecimento e aprovação, de ser aceito e amado, só nos faz cada vez mais assumir "papéis" na vida profissional, social e até familiar, sem nos perguntar se estamos felizes do jeito que ficamos. Sem refletir, com o tempo acreditamos que realmente somos o personagem, expressado pelo que vestimos, cargo que ocupamos, foto que postamos em rede social, lugar que frequentamos etc.

Temos a completa liberdade para ser o que quisermos, e nos expressar no mundo como acharmos melhor! É uma fase natural, no processo de autoconhecimento, a tendência de seguir uma "tribo", alguém ou algum ideal com o qual nos identificamos. Isso nos traz calma, traz a sensação de ser parte de um todo. Mas o homem do mundo, inserido na sua "tribo", tende a manejar suas forças de maneira inferiorizada, se deixando levar pela interpretação rasa e apressada da coletividade, que atiça seu temperamento mimado e lhe devolve "mais do mesmo". Só que no nível pessoal, quando as coisas não saem como quer, o sujeito logo se revolta com seu destino, sempre se queixando e geralmente "descontando" injustamente em quem não pode revidar. Uma rebeldia infantil, demonstrada pela falta de educação no trato com os outros, pela indisciplina no trato do seu próprio corpo físico e mental, demostrada até na falta de respeito por si mesmo! Mirim chamava ao homem (ou mulher, claro!) que ainda vive neste nível de consciência de "homem inferior".

Caboclo Mirim ensinava que o homem inferior é a grande vítima de si mesmo. Dizia ainda que "Ele vive o tormento estabelecido e estabilizado por si próprio nas várias zonas da sua atividade. Ele vive mal na zona do seu lar, na zona profissional, na zona intelectual, na zona pública e até mesmo na zona religiosa. Mantém um desequilíbrio permanente que o traz em sobressaltos, afetando completamente o seu corpo emocional".

Atrás de suas máscaras e seguro em sua "tribo" (já que socialmente traz a sensação de ser parte de algo maior), ainda assim o indivíduo estará carente de respostas, pois cada ser humano é único, e no fundo sente falta de ser percebido assim. Tudo que está ancorado apenas nas relações sociais tem suas imperfeições, e suas limitações. Em algum momento, o amadurecimento do indivíduo vai trazer um olhar mais apurado, mais crítico, e o encanto quebrará, gerando sofrimento. As dificuldades da vida adulta vão requerer uma profundidade emocional que, muitas vezes, sequer saberá onde buscar. Em momentos assim questionamos os próprios valores, convicções, prazeres e crenças. Sob pressão, começamos a duvidar de fórmulas e pessoas que até então deram sustentação psicológica ao nosso ego. Tudo parece ruir. Somos invadidos por uma solidão, e um vazio existencial que derruba mesmo...

Sofrendo e atordoado, o "homem inferior" vai buscar a intervenção divina na tenda, mas ele ainda quer satisfazer seu ego mimado! Quer que os guias interfiram a seu favor, o mais rapidamente possível. Alguns, acostumados a comprar a felicidade, tentam obter uma prestação de serviços espirituais, quase tentando "subornar" a tenda e seus membros. Infelizmente, poucos realmente se permitem o TEMPO necessário para o AMOR MAIOR fazer seu trabalho naquele coração machucado. O momento de crise é OPORTUNIDADE para reavaliações, para novos rumos e significações, que só com PACIÊNCIA será possível compreender. É preciso assumir um compromisso junto à espiritualidade, canalizando a própria VONTADE para fins menos egoístas. O "homem inferior" precisa converter essa decisão em AÇÃO, ainda que não seja capaz de compreender plenamente o tratamento oferecido na Umbanda.

Mesmo permanecendo cegos e surdos por diversas vezes, tenha certeza que nunca estivemos sozinhos nesse caminho, por isso, não chegamos ao terreiro por acaso! Os seres de luz que nos amparam sabem o quanto uma tenda pode ser um divisor de águas na vida de um indivíduo!

> O homem é como todos os seres da natureza; só desperta quando sacudido por uma força superior à sua, para verificar que deve reagir conscientemente e começar a explicar por sua vontade todos os fatos e fenômenos que se processam.
>
> Caboclo Mirim.

A vivência na Tenda pode acionar um "gatilho", uma força superior que faz com que o homem comece a despertar para um universo muito maior que o seu ego mimado! E o Mestre Mirim ressalta como é importante o próprio indivíduo tentar "explicar por sua vontade todos os fatos e fenômenos que se processam"! Isso não se dá apenas exigindo explicações, apostilas ou "cursinhos" de Umbanda. Não. Ele próprio tem de refletir sobre as experiências vividas na tenda, imaginar o que está acontecendo ali, e tentar juntar as palavras de orientação recebidas pela voz no seu coração. E no princípio, serão muito mais dúvidas que certezas! É preciso dúvida para despertar a sede de saber. Só com o TEMPO passamos à etapa seguinte: Por que fazer? Qual o sentido disso?

Muitos já passaram por outros terreiros de Umbanda, e mesmo tendo tido sua vivencia mediúnica lá fora, precisam começar devagar neste novo caminho. Devagar para entender que a Umbanda vai muito além da incorporação. Alguns têm dificuldade de compreender que não se modifica um padrão vibratório por um estalar de dedos, e que só vamos realmente começar a mudar o ambiente em torno de nós pela DISCIPLINA.

> **A pedra colocada em *disciplina* é o agente** que te assegura firmeza na construção.
>
> *Emmanuel* (através de Chico Xavier)

No primeiro estágio da caminhada na escola da vida, a mudança de atitude na vida cotidiana é primordial: será a pedra firme que assegurará as conquistas futuras. Uma antiga prática jesuítica já dizia que "a *repetição*, com correção, até a exaustão, leva à *perfeição*!" Quanto poder há na energia bem direcionada, no foco, na disciplina que faz com que insistamos até nos superar! Mas a repetição nada tem a ver com a rotina! Para atingir a excelência em qualquer coisa na vida, é preciso repetir e treinar de tal modo que corpo e mente adquiram o domínio intuitivo da técnica. A ação passa a ser incorporada ao agente, naturalmente. Assim, executando pacientemente o "sacerdócio dos bons costumes", nas palavras de Mestre Mirim, logo estaremos envolvidos em um ambiente de tranquilidade física, que permitirá a expansão da lucidez da nossa própria consciência.

> Cada um tem de se corrigir sozinho, porque somente sozinho poderá resgatar as faltas que ficaram gravadas no seu carma.
>
> Caboclo Mirim

Por nossas ações, geramos as mais diversas reações, frutos dos nossos impulsos internos. Chamamos esse "choque de retorno" de CARMA, que popularmente tomou um sentido de "castigo", ou de fatalismo imutável. Infelizmente, numa conotação ruim, só é citado para lembrar que quando agimos mal, deveremos forçosamente pagar com sofrimento. Mas não é bem assim. Carma está relacionado com "plantar e colher"; com receber de volta aquilo a vibração que se cria em torno de si, ou seja, tudo de ruim e também tudo de bom! "Karma" é um termo em sânscrito que significa atividade, ação, e representa a lei de causalidade.

Ciente disso, Caboclo Mirim sabe que, para qualquer cura, é preciso primeiro "estancar a sangria". Então, depois de nos socorrer no ambiente sadio da tenda, nos apresenta o valor da disciplina intima, da mudança de hábitos que permitirá arejar o ambiente astral em torno de nós. Mas não é possível transferir essa responsabilidade para ninguém: "Na escola da vida, cada um aprende a ler o seu próprio evangelho íntimo, para corrigir, sozinho, os desacertos que praticou", dizia Caboclo Mirim.

Isso frustra aqueles que vão à tenda pedindo uma intervenção divina, a interferência direta do orixá, para resolver seus problemas. Orixá não se vinga de ninguém, não pune nem perdoa. Como aspecto dos diversos matizes da manifestação divina, orixá é impessoal e não tem piedade nem ódio de ninguém. Tupã criou as leis e elas nos regem. Leis são automáticas. Necessariamente colhemos aquilo que plantamos, em completo respeito ao livre-arbítrio que muitos insistem em terceirizar. Não é o orixá que desce até nós para ditar nosso destino, mas podemos nos elevar vibratoriamente até o orixá, vivenciando sua energia transformadora, de tal forma que seu poder seja vida em nossa existência.

A Umbanda é escola para mudança de paradigmas! Podemos fazer diferente, podemos agir diferente, podemos colher diferente – mais e melhor – dos frutos da nossa própria vida! Só ficamos presos ao carma pessoal se nos mantivermos inertes. Só tomando consciência da nossa responsabilidade produziremos mudanças. A vontade de mudar nasce do sincero arrependimento do que fizemos no passado, mas não adianta sofrer com a consciência pesada, não adianta medo diante das consequências futuras. Pouco vai adiantar também somente orar, ou ir à tenda participar das correntes, olhando apenas para o próprio umbigo. A busca pela paz interior, por ser um conjunto de ações pessoais e, muitas vezes, solitárias, pode favorecer o egocentrismo e a vaidade. Então, para não cair nessas armadilhas, tente compreender sua própria realidade, aceitar seu carma ruim, e trabalhar para compensá-lo com um bom carma. Umbanda é caridade, é trabalho pelo próximo, no que você nunca estará sozinho! Trabalhando positivamente, mudando de atitude em relação à sua responsabilidade pelo ambiente em torno de si, também estará mudando o mundo!

> O ambiente é o dono do mundo! A formação de cada um está no ambiente. Se a pessoa não consegue formar um ambiente sadio, e podemos citar um lar qualquer onde não haja um bom ambiente, encontraremos apenas desarmonia, incompreensão, mal-estar, intrigas e coisas mais que vão girar em torno desse lar. "
>
> Caboclo Mirim

O Mestre sempre enfatizava o valor do ""ambiente sadio" como sendo fundamental no caminho de quem quer aproveitar a oportunidade de crescimento nesta encarnação. Nos primeiros passos, começamos a mudar de atitude com a observância de nosso comportamento no mundo, agindo com mais paciência, carinho e responsabilidade com o próprio corpo físico. Agora, podemos compreender que a disciplina exercitada desde o início, pode ser levada a outro nível: o das nossas emoções! Estaremos trabalhando as energias que se agregam no nosso "corpo astral", e que tanto podem ser claras e salutares para o intercambio junto às emanações superiores como podem ser densas, quase viscosas, de tal forma a nos ofuscar e obscurecer a aura, trazendo graves problemas físicos e psicológicos.

> O ser humano não tem forças para ultrapassar o seu limite circunferencial: a ação do "barulho" gira vertiginosamente em torno de si mesmo, sem poder fugir do seu centro de gravidade, até centralizar no próprio homem a perturbação correspondente àquelas emanações.
>
> Assim acontece também àquele que cria as nuvens larváticas: depois de certo tempo também vai se intoxicando a ponto de sucumbir, vítima da sua imprudência.
>
> Caboclo Mirim.

Percebam que não ficamos imunes ao que produzimos mentalmente, sob o jugo das paixões e desejos inferiores. Quanta poluição, quantas nuvens larváticas produzimos quando nos permitimos gerar conflitos com as pessoas em torno do nosso convívio! A todo o tempo somos agentes e pacientes de nossas emoções, e acredite, precisaremos estar alertas a elas pelo resto da vida, se não quisermos cair nas armadilhas do ego.

Conexões

Para que entrar naqueles "bate-bocas" acalorados? Essas situações nos sugam para dentro da espiral conflituosa, nos colocando na mesma faixa vibratória do "oponente", e de seus possíveis "acompanhantes" do astral. Aliás, isso vale até para as redes sociais, pois para a conexão astral não há distância! Quando compreendemos o estrago que causamos pelos ímpetos da nossa personalidade mundana, passamos naturalmente a evitar as preocupações e o estresse cotidianos, aceitando tudo a princípio, para que o tempo se encarregue de resolver a verdade.

> A própria vida autoriza completa liberdade, porque então o homem somente maneja esta força para a parte inferiorizada e confessa desonestamente que não pode dirigi-la para o lado superior?"
>
> Caboclo Mirim.

No astral, semelhante atrai semelhante. Nosso "corpo astral", chamado ainda de "corpo dos desejos", é a ponte entre nossa realidade física e o nosso eu maior. Conexão é a palavra-chave! Os nossos desejos nos colocam junto ao objeto do desejo, mas, ao invés de desejarmos a luz divina, a paz e a harmonia irradiadas das mais elevadas fontes vibratórias, tendemos a "olhar para baixo", distraídos, dando excessiva atenção às coisas, pessoas e situações mundanas, nos conectando assim vibratoriamente a elas.

É comum interagirmos energeticamente uns com os outros, tanto do ponto de vista positivo quanto negativo, criando atrações simpáticas ("fui com a cara daquela pessoa!"), repulsões negativas ("meu santo não bateu com o dele") ou até por "acoplamentos áuricos". Em cada situação de interação as pessoas podem estar na condição de receptoras ou doadoras de energias. Quem tem melhor "saúde energética" doa energias; quem está "doente energeticamente" recebe; geralmente de forma inconsciente, o que faz com que muitas vezes o doador se sinta esgotado. É preciso atenção, principalmente os médiuns, para não se expor desnecessariamente num mundo onde o que não faltam são "vampiros" da energia alheia, que se aproveitam de situações onde a pessoa está relaxada para tocar o outro (pegar na mão, segurar um braço, abraçar na maior "amizade") ou provocar conversas perturbadoras, em hora e local inconveniente, para que você se exponha e entre na mesma *vibe* do "sanguessuga"!

Já os "acoplamentos áuricos" ocorrem geralmente com aqueles com que temos uma proximidade maior, como amigos, casais apaixonados, mãe-filho etc. Mas é comum acontecer também quando nos encontramos em lugares onde muitas pessoas se agrupam, seja num templo religioso ou em eventos coletivos (acidentes, casos de histeria/pânico geral, ou até se nos envolvemos com uma multidão carregada de ódio, por exemplo).

Cuidado, você que ainda está nos primeiros passos: no mundo em que vivemos é difícil conviver emocionalmente com mentes insanas e vampirescas sem se contaminar, posto que vão tentar escravizar sua vontade pessoal em algum momento. Você será induzido a abrir mão da própria individualidade, passando apenas a reagir aos estímulos de fora, sem qualquer reflexão própria! Por isso, há de se observar com quem se anda, e por onde se anda. Há pessoas que só estimulam os instintos mais inferiores, inebriando você através da sua própria vaidade, ou te acorrentando apenas pela sensualidade exarcerbada. Há ainda lugares e/ou situações que vão te fazer acreditar que a corrupção é aceitável, que o preconceito, a intolerância, a brutalidade e a violência são normais, e que até mesmo a crueldade possa fazer qualquer sentido! Há grupos sociais de valores éticos e morais duvidosos, prontos para cooptar algum incauto que acredite em sua lógica distorcida.

Neste contexto de conexões, lembramos que nossa liberdade também está em perigo quando nos colocamos dependentes do prazer. Se algo é bom demais, desconfie de você mesmo! Não dá para curtir indefinidamente, e é até bom ficar com "gostinho de quero mais". Quando não conseguimos nos afastar do desejo, nos escravizamos a ele e nos tornamos viciados. Os vícios vão além daqueles mais óbvios, como o da bebida, o fumo e as drogas; há também a gula e compulsões diversas, como necessidade excessiva por sexo, por consumo, de ficar no smartphone etc. Muitos vícios são o *link* que as almas inferiores usam para se manter conectadas com os encarnados, de forma a satisfazerem seus próprios desejos materializados, tais como a necessidade de inalar a fumaça dos cigarros ou aspirar os vapores do álcool que exalam do incauto ingestor, por exemplo.

É preciso determinação e disciplina, sempre. Se você é umbandista, e aceitou entrar para a tenda, já é um bom começo ao menos respeitar o dia da sessão. Conhece a expressão "Por hoje apenas"? Então, se concentre em manter sua vontade soberana pelo menos no dia dos encontros do centro, lembrando a si próprio que você consegue "se manter na linha" pelo menos um dia, em respeito a você e a todos os guias que o amparam na sua caminhada! Ninguém cresce como indivíduo sem esforço, sem pressão. Naturalmente, esse hábito irá te demonstrar que você está no controle, e que, se quiser, pode expandir para todos os dias da semana.

Estando atento aos sentimentos inferiores que ainda afluem à mente e suas próprias reações diante deles, percebe-se que, quando vigilante, fica dificil aceitar provocações externas, e assim, perder o controle. Estaremos praticando a "escola de fonte mental" de Mestre Mirim, o que gradualmente vai permitir que o ambiente em torno de nós se torne mais sereno e sadio, útil de fato para a espiritualidade maior operar e irradiar seu poder em nossas vidas. O "corpo astral" estará se alinhando com o "corpo físico" e o "corpo mental", o fluxo de vida aumentará, e logo as vicissitudes da matéria estarão pouco a pouco sumindo, permitindo o desabrochar da religiosidade e da verdadeira felicidade. Por isso em nossa Escola há diversos graus. Todos começam na base, se adpatando, exercitando as boas práticas, depurando as mazelas da própria alma.

> Não se esqueça que as cicatrizes do corpo físico logo saram, mas as cicatrizes da alma cada um carregará pela eternidade. Zele também por sua alma enquanto lhe sobra tempo nesta fase corpórea. Leia o livro da sua própria existência todo dia.
>
> Caboclo Mirim

Antes de assumir maiores compromissos com a alta espiritualidade, e poder colaborar concretamente com a presença luminosa que cura e irradia paz aos irmãos que afluem à tenda, é preciso encarar a luta íntima contra os defeitos e as paixões tão comuns ao "homem inferior" (como o orgulho, o egoísmo, a sensualidade, a hipocrisia, a avareza, a crueldade, dentre outros), vivenciando uma autoanálise que permita a cada um examinar como reage cada faceta emocional em si mesmo. Se reconhecendo, é possível aplicar sua própria disciplina e determinação para fazer diferente! Só você perde insistindo nas mesmas ações e reações. É preciso entender que não é apenas uma questão de "manter posição", pois "sou assim mesmo". Tudo envolve interações energeticas e astrais. Escolha melhor quem você convida para estar ao seu lado, o que você assite na TV ou no celular, e as palavras que você emite – mesmo teclando na rede social! A Umbanda quer te ajudar a ser independente, mas a decisão é sua.

> Na escola da vida cada um aprende a ler o seu Evangelho íntimo, para corrigir, sozinho, os desacertos que praticou impensadamente em outras encarnações. Nós sabemos que a lei do livre arbítrio é imutável e, assim, qualquer interferência estranha no destino de cada um é sempre prejudicial ao bom equilibrio secreto do nosso semelhante. Cada um tem de se corrigir sozinho, porque somente sozinho poderá resgatar as faltas que ficaram gravadas no seu carma.
>
> Caboclo Mirim

Estar na Umbanda é encontrar a fortaleza emocional que ajuda cada um a superar as próprias provas cármicas. A lei do retorno é inexorável, e às vezes vivenciamos hoje dores dilacerantes que nos fortalecerão amanhã. Há situações que não são frutos desta encarnação, mas que precisamos resgatar para seguir adiante. Há de se ter coragem e fé! Mesmo sangrando por dentro, permita-se caminhar na luz, pois você é parte de uma poderosa corrente astral, e não está sozinho! Nos momentos dificeis, diminua o ritmo, mas não pare. Esteja firme em seus ideais, mantenha um bom ânimo e otimismo, mesmo que circunstancias adversas tentem te jogar para fora do jogo! Os guias de luz nunca esquecem dos seus filhos. Confie no tempo do plano astral, sempre!

Há segmentos religiosos onde é comum se botar os "filhos"

à prova, com tarefas ou preceitos que testariam a fé, a lealdade e a submissão do neófito. Na filosofia de Mirim a própria escola da vida trará as provas que cada um deve viver, aprender e se aprimorar. É o carma de cada um! Tenha certeza: será sua postura diante de cada experiencia íntima que definirá a qualidade do seu universo astral, e por conseguinte, a vibração com a qual você se afiniza. Isso define quem você é!

O universo particular: Vibrações

Já estamos em 2019. A geração dos meus pais foi "atropelada" pela internet. Agora tudo é globalizado e acessível! Fantástico! Até o fim do século passado era preciso um esforço enorme e muita dedicação para conhecer novas realidades que iam além do seu bairro e de sua família, da qual só se tinha um vislumbre através de revistas, livros, cinema e televisão. O resto ficava por conta da própria imaginação! Para ir mais adiante era preciso uma curiosidade aguçada e conhecer pessoas diferentes, olho no olho, que com sua narrativa e conhecimento apresentassem novas "rodas de amigos". Era difícil sair do seu "mundinho" e ver as coisas de um modo diferente!

Além da internet, minha geração viu surgirem também os *smartphones* e as redes sociais! E tudo agora é imagem, deixando pouco espaço para a imaginação. Descobrimos também que, por trás do que nos é apresentado na telinha, há os tais "algoritmos", uma programação onde alguém determina o que interessa a você nas redes sociais, e com quem você vai interagir. Ou seja, se você só conhece a realidade através das redes, você está de volta a um "mundinho" próprio, uma "bolha" junto a quem compartilha coisas semelhantes e vê o mundo da mesma forma. Infelizmente, isso empobrece nossa fonte mental, e dificulta a compreensão de quão amplo e diverso pode ser o pensamento humano. É um dos motivos para o recrudescimento da intolerância e da violência advinda dela, porque a realidade do seu grupo precisa ser a melhor, a verdadeira e única. Afinal isso traz segurança emocional!

Mas o que é a realidade? O que é ilusão? Em que acreditar?

As verdades do mundo profano são transitórias, pois são frutos das "verdades" de cada um. Nós criamos nossa realidade, através das próprias referências culturais, familiares, crenças e convicções! E tudo isso muda o tempo todo! Verdades repetidas por nossas avós podem até parecer ridículas hoje em dia, mas eram quase lei dentro de casa há setenta, oitenta anos atrás. Quem, com mais de cinquenta anos, nunca ouviu que podia morrer se tomasse leite e comesse manga? Que tinha de cobrir os espelhos, e esconder os talheres durante uma tempestade, para não atrair os raios? Ou que faz mal lavar os cabelos quando se está menstruada? Essas crenças são populares, mas quantas outras convicções íntimas não determinam nossa postura, e nossas decisões diárias? Quantos pré-conceitos, condicionamentos emocionais e preconceitos mesmo não diminuem nossa capacidade de sermos pessoas melhores?

Desde a infância construímos formas mentais que correspondem àquilo que tocamos, que vemos ou que nos é descrito. E assim, passam a existir, ao menos, no mundo mental.

Uma criancinha vê um velho barbudo vestido de vermelho, e não sabe quem é. Algumas têm até medo! Os pais, a principal referência sobre o que é verdade, o descrevem como sendo um "bom velhinho" inofensivo que traz presentes. Desenhos animados ajudam a moldar esse personagem. Ele passa a ser da família! A criança espera a visita do Papai Noel como se fosse real, e para ela é, porque deixa um rastro palpável por onde passa! Só com o avançar da idade a criança é alertada (geralmente pelos amiguinhos mais velhos) que aquilo é tudo um "faz de conta". Juntando os fatos, ela própria percebe que não faz nenhum sentido um velhinho de trenó visitando a família e deixando presentes em todo Natal. Esse processo de construção e desconstrução ocorrerá por toda a vida. Tudo se dá em ciclos, não há como se apegar às coisas e situações.

Quando nos tornamos, por demais, proprietários das coisas (e pessoas) estamos entregando nossa estabilidade para outrem, já que tudo vem e vai, em algum momento. Nessa hora, nos sentiremos ameaçados, pois nossa alegria depende daquilo! E a tendência é reagirmos de forma agressiva e até violenta para defender o que supomos ser nosso.

Quando somos pequenos, é normal incorporarmos os valores morais de onde estamos inseridos, que regulam a convivência dos seus membros. Educar é deixar claro o que é bom ou ruim, bem e mal, virtudes e vícios. Com o amadurecimento, nós mesmos escolhemos dar valor a coisas, pessoas e ideais que nos parecem bons, e assim, nos conectamos com esses valores. Repetimos frases e pensamentos que nos tocam, gestos que curtimos, adotamos a postura e o visual que expressem quem achamos que somos. Afinal, somos o que gostamos! Temos nossos "heróis", nossas músicas, nossos *points*, nossos livros e filmes favoritos. Parece perfil de rede social! Isso tudo vai orbitar em torno de nós: vai atrair ou repelir pessoas, criar vibrações e gerar nosso universo mental.

Infelizmente, somos bastante displicentes com nossas escolhas. Muitos fazem uma preparação especial para o dia da sessão: evitam relações sexuais, bebidas alcoólicas, e até deixam de comer carne. Mas e aí? É só no dia da sessão? Nos outros seis dias da semana está sempre com alguma dose de álcool no organismo; só saem da boca palavras chulas e de baixo calão; tudo é tratado aos gritos, seja com filhos, marido, mulher e quem mais aparecer; na TV e no celular só filme de violência, tipo "tiro, porrada e bomba"; no *WhatsApp* só aparece cena de sexo; e falar mal do colega de trabalho ou da vizinha continua sendo o esporte favorito?

> Sabemos que o homem é aquilo que ele pensa e realiza, de acordo com o valor da sua atenção projetada.
>
> Caboclo Mirim.

Nossa realidade externa é reflexo das nossas construções internas. A escola da vida quer te despertar para isso! Amadurecer é aprimorar sua individualização, é libertar gradativamente seu pensamento do "comportamento de manada". Vivemos dias em que todas as mídias trabalham para nos seduzir, tentando vender coisas e ideais, conquistar a audiência, seu voto, sua fé, curtidas, *likes* etc. As armas do marketing são ardilosas, pois se utilizam de profundo conhecimento psicológico de tal forma que nem percebemos que estamos sendo induzidos a desejar alguma coisa! Esse é um dos motivos que fazem com que vivamos numa sociedade com tanta ansiedade, porque a todo o tempo somos doutrinados que algo nos falta, que somos incompletos, portanto infelizes se não tivermos a roupa da moda, aquele celular, ou qualquer item de consumo fugaz. Muitos segmentos religiosos te prendem assim também, usando as mesmas ferramentas!

Como eu disse, a nossa atenção é avidamente disputada pelo mercado, seja na TV dando IBOPE para os patrocinadores, seja com *likes* ou curtidas que demonstram a audiência da página. Percebe quão preciosa é a sua atenção? No nosso mundinho não é diferente. Há muita gente carente, ansiosa e infeliz, que misturando virtual e real, quer *likes* como se estivesse na rede social, agindo mais como se fosse um vampiro da sua energia vital. A sua atenção gera conexão mental, não esqueça! A sua atenção abre "portais", faz com que você viva outras realidades, o que pode significar um "abraço de afogado": vão ambos paro buraco. A escola da vida quer te ensinar a ser senhor, não escravo. Assuma responsabilidades. E uma delas é com quem e com o que você projeta a sua atenção.

Outra maneira fácil de conquistar sua atenção é "tirando você do sério", ou seja, fazendo você se conectar às bobagens que o outro fala. Lembre-se que para ser feliz é também preciso saber receber bem as críticas, analisando o sentido que têm e em que o incomodam. Quando uma ideia ou ato de alguém nos incomoda e provoca algum tipo de alteração emocional, por mais sutil que seja, é sinal de que há algo em nós relacionado com o que ocorreu e que necessita da nossa reflexão.

> Quando, por exemplo, não gostamos de uma determinada pessoa, se não dermos ao fato a devida atenção, naturalmente nos esqueceremos e esta inferioridade se descondensará com o tempo. Se,

> maldosamente porém, procurarmos conservar esta atenção pelos caprichos da inferioridade, nos tornaremos criminosos.
>
> Caboclo Mirim

Crescemos pelos desafios, e é um enorme desafio a convivência humana, já que não podemos viver somente na nossa própria "bolha". É pelo contato com o mundo, por vezes, com aquilo que nos causa aversão, que entenderemos o valor das diferenças. Só os iluminados andaram neste mundo e amaram incondicionalmente a todos, e acho que nenhum de nós ainda chegou neste ponto. Caboclo Mirim advertia que vamos mesmo esbarrar com pessoas muito diferentes, e até de vibrações negativas. Para nosso próprio bem, não devemos dar atenção em demasia àquilo com que não simpatizamos, não entrar na mesma vibração, não trazer para dentro de nosso universo íntimo o que deve passar ao largo. Somos nós, com a conexão mental, que valorizamos e empoderamos as criaturas. Ninguém realmente entra se não for convidado! Para ser convidado é preciso haver conexão, e as emoções são a porta de entrada! Se aprendermos a ser indiferentes às provocações, a conexão se desvanece. Se insistirmos em remoer, mantemos firme a conexão mental.

Assim também ocorre quando se trata da interação entre encarnados e desencarnados. Como umbandistas, sabemos que os médiuns são pessoas com uma sensibilidade astral especial. No nosso caminho, devemos ter cuidado redobrado para não sermos manipulados por mentes alheias, que não terão qualquer escrúpulo em nos usar para obter os fins desejados. Não espere que o obsessor vá aparecer na sua frente e te desafiar porque, racionalmente, ninguém quer conversa com ele. Não interessa a ele o combate. É pela falta de vigilância, de serenidade e de disciplina que o médium se perde, e se desconecta do caboclo, do preto-velho, etc, abrindo assim espaço para novas conexões, como a dos "quiumbas" que vão entorpecer o incauto com falsas suposições, do tipo "você tem uma missão", "as pessoas precisam das suas entidades", "a tenda está limitando seu potencial", ou seja, que "você é o cara"! Perceba que será pelos sentimentos, pelos "caprichos da inferioridade", que a mente será subjugada e o médium vai "entrar no jogo" das almas manipuladoras.

Nossa couraça de fé será corroída quando nos colocamos em ressonância com vibrações inferiores. É pela poluição do ambiente íntimo de cada um, com toda a sorte de desgraças, violência, sexualidade exacerbada ou outras mensagens de cunho destrutivo, que nos afastamos da egrégora de luz que nos acolheu na tenda. Nossa saúde psíquica não é brincadeira. Torna-se presa fácil aquele que perde o foco principal: o de sanear sua fonte mental dos venenos que insistem em nos adoecer lentamente. A TV, e agora o celular, são janelas para mundos diversos, e sem perceber, nos alimentam de tudo aquilo que deveríamos manter longe de casa, dos nossos filhos e do nosso dia a dia. Informação é importante, pois traz subsídios para decidir os próprios caminhos. Mas cuidado com os excessos, cuidado com a repetição que "formata", cuidado com os detalhes que conectam! A intenção será sempre de imergir o espectador na apresentação, para colocá-lo como parte de tudo aquilo, de tal forma que acredite que aquela tela é também sua realidade.

> A preocupação é uma demonstração de dúvida. Qual o resultado sério, para o homem, do tormen-

to das preocupações? O homem sério não concebe preocupações, porque só trata de coisas sérias. O homem realmente sério não precisa de preocupações para prejudicar a sua seriedade. Sabemos que a ação vibratória atrai e repele na razão dos seus direitos.

Caboclo Mirim

Devemos ser solidários com a dor do outro, afinal, o mundo precisa mesmo de mais empatia. Mas nos momentos de crise precisamos ser fortes e tomar cuidado para manter uma distância mínima do problema, a fim de sustentar emocionalmente quem está precisando de apoio. Na vida cotidiana, a preocupação excessiva não deve ser entendida como uma forma de amor. Ela está mais para uma relação de medo, ou até culpa, de quem lá no fundo sente que "tá devendo". A energia mental gerada por essas fixações ressoam em você, como a dizer que o resultado negativo é possível, provável ou até inevitável. E aí nos conectamos exatamente com aquilo que queremos evitar, passando a atrair para nossa realidade o que poderia passar longe.

Devemos ter claro o que é nosso, e o que vem de fora. Podemos e devemos reforçar um pensamento ativo, carregado de otimismo. Quem sabe o que plantou, confia na colheita!

Ressonância

Caboclo Mirim nos advertia que podemos mudar vibrações com ações positivas. Assim, ao invés de ensinar meditações elaboradas, técnicas e preceitos exteriores que pudessem levar o indivíduo para longe de si, nos direcionou para dentro. É pela nossa atitude intima, vivida com atenção e disciplina, que mudamos padrões energéticos, quebramos ciclos viciosos e transformamos o ambiente pessoal, e até coletivo, onde convivemos. Superando nossa preguiça e nosso comodismo, começamos com pequenas ações no dia a dia, adquirindo bons hábitos alimentares, de asseio e de bons costumes dentro do nosso microuniverso. Com vigilância, evitamos a poluição mental advinda de pessoas e, principalmente, do mundo louco que nos cerca.

Em outras palavras, a escola de fonte mental começa com o despertar da cultura, ou seja, pelo cultivo e pelo desenvolvimento da educação e das melhores práticas relacionadas aos costumes pessoais que elevam o indivíduo além do "homem inferior", puramente instintivo, para um homem civilizado, que já tem alguma noção do efeito de suas ações no mundo. Em contínuo progresso, é natural a busca de respostas, de informações através de livros, de internet, de apostilas etc., mas recomendamos seguir a orientação dos dirigentes da tenda de que se faz parte, tendo em vista as centenas de interpretações e visões sobre a religião.

Mais conhecimento traz segurança e confiança. Afasta as superstições que tanto mal fazem à fonte mental! Com a confiança e a fé renovadas, reforce uma postura otimista, de tolerância, bom humor e compreensão mútua com todos. Afinal, todos somos caminhantes! Mas sem humildade e sem empatia, tudo será em vão. O mundo está cheio de criaturas que, diante dos poucos passos que deram na fé, já se acham doutores. Ignorantes, cheios de soberba, desejam manipular aqueles que ainda não despertaram, em seu próprio benefício. Prefira distância desses...

O verdadeiro aluno de Mirim vai compreender o valor de ser nobre, de ter palavra, de se conduzir com ética e moral ilibada. A cada grau que lhe é confiado percebe que aumenta a responsabilidade de ser exemplo aos demais. E nesse esforço, se mantém conectado com valores mais elevados, fazendo com que sua fonte mental desabroche e o ambiente em torno de si só enriqueça. O foco, a concentração e a disciplina levam a mente a aprender a sair da passividade para a atividade, desenvolvendo a inteligência. É o raiar de uma nova mentalidade, que anseia em levar ao mundo ideais renovadores, capazes de despertar as almas dos mais simples e dos humildes, ensinando-lhes também como se libertarem de si mesmos e a lutar por sua independência espiritual, social ou política. A humanidade estaria muito melhor se nossos irmãos chegassem a este ponto, que é onde deveriam vibrar os "cabeças de Abaré" da Umbanda.

Viver para ser útil, auxiliando seu irmão a caminhar: assim se pratica a escola da vida! Um ser humano equilibrado, mental e emocionalmente, está em condições de ser um bom veículo para os missionários do astral. Há um tempo de semear e outro de colher, ou como diz o antigo ditado oriental: "Quando o discípulo está pronto, o mestre aparece.

> A paciência é o verdadeiro e único evangelho que realmente proporciona condições materiais no homem, um princípio sadio do seu despertar. "
>
> Caboclo Mirim

Preparando-se para o Mestre

O tempo será sempre professor. Não se alcança verdadeiramente nada sem se conciliar com ele. Os anos terrestres são dias no universo. As portas de um plano maior da consciência serão abertas com o desenvolver do próprio discernimento e sensatez. Como espiritualistas, precisamos ir além das concepções transitórias deste plano terreno, e alimentar nosso ser com o que é eterno. "Semelhante atrai semelhante", assim é a lei! Na Umbanda, não é diferente! Dificilmente teremos uma verdadeira manifestação de uma guia de luz num aparelho "sujo", mentalmente "sujo". Ou ao contrário, uma manifestação "suja" num aparelho desenvolvido, consciente e vigilante.

Reflitam comigo: se mudando nossas atitudes diante da vida mudamos nosso padrão vibratório, como ainda podemos imaginar que o que chamamos de "incorporação" permanecerá a mesma por décadas? Se o médium permanecer o mesmo, desde os primeiros passos, é sinal que alguma coisa está errada...

Como regra pétrea a ser observada por muitos anos, a Escola de Mirim ensina aos "cabeças de Bojás" (neófitos) a NÃO se fixar em "nomes de entidades" e a NÃO enfeitar a manifestação com adereços e apetrechos! Quem disse que o neófito, naquele padrão vibratório inicial, está em condições de comungar junto ao seu principal mentor espiritual? Ao se permitir a caracterização de um personagem, poderá se estar "enterrando" o futuro do médium ao algemar seu possível desabrochar com almas ainda de baixa estatura vibracional, que não têm qualquer condição de seguir junto à espiritualidade maior. Isso é muito sério. Sejamos simples, para sermos LIVRES!

> Nossos chefes de cabeça estão na dependência dos nossos valores. As ações benéficas se realizam de acordo somente com aquilo que autorizamos pela honestidade e equilíbrio.
>
> Benjamin Figueiredo

O que chamamos de "incorporação" é a soma de dois padrões vibratórios que se afinizam. Ouvi, certa vez, uma analogia perfeita sobre a incorporação: O que os olhos dos visitantes veem acontecer na tenda é algo como "café com leite". Os médiuns são o leite, a base, o neutro. O café é que vai definir o tom e o sabor final do "café com leite". O café é a presença de uma consciência maior, o guia espiritual. Não há um bom resultado final a partir de uma base ruim, principalmente a partir do momento em que a espiritualidade maior decidiu implantar, por padrão, as incorporações "semiconscientes" ou até "conscientes" na Umbanda. Assim, o guia que vocês veem trabalhar nas tendas é a consequência de dois valores: os do guia e os do médium. Um dia tudo pode estar mais fluído, um leite com café forte, escuro. Outro, um "pingado", clarinho, onde há mais leite que café. Mas que o leite nunca esteja azedo! As condições íntimas do médium farão a diferença, porque se ambos os valores forem positivos, mesmo quando há diferença no potencial (o médium pode não estar 100% fisicamente, por exemplo), o resultado final sempre será positivo!

> Daqueles a quem foi confiado muito, muito mais será pedido. (Lucas 12:48).
>
> Com grandes poderes, vêm grandes responsabilidades. – Stan Lee (1962)

Quando aprendemos a vibrar num padrão mais elevado, fica difícil voltar atrás. Há enorme responsabilidade com as consequências, há um compromisso assumido em se canalizar a espiritualidade maior no mundo que habitamos. Quando aprendemos a fazer o pão, nos cabe repartir. O dever de todo médium é estar em ressonância com elevadas consciências, os guias de luz que orientam e inspiram a humanidade. Mas isso começa em casa, começa contigo, irmão! Não há espaço para se eximir ou terceirizar responsabilidades, tipo "sou filho de tal orixá". A escola da vida vem ensinar a cada um a vibrar melhor, colocando-se em uma conexão vertical e universal. Mentes abertas ao plano maior conseguem compreender o mundo de maneira mais ampla, pois têm seus próprios pensamentos em comunhão com a Mente Divina. O pensar vai além dos fatos palpáveis, há mais intuição envolvida, há mente e coração unidos.

> Quando a nossa fonte mental já fixou este ambiente de irradiação mais tranquilizadora, dá para então sentir o perfume que todas as ações da vida orgânica projetam.
>
> Caboclo Mirim

Desta forma, a fonte mental terá alcançado o objetivo maior, de preparar a manjedoura sagrada, o coração, para a irradiação do Cristo-Oxalá em nossas vidas. Oxalá é a vida manifestada, espírito em plenitude junto à alma e ao corpo, integrado com todos os aspectos da criação. É assim que sentiremos o perfume, a essência emanada por todas as criaturas, transbordando em paz e harmonia íntima.

Alquimia interior: Emancipação

"Coagula e Dissolve" (e vice-versa) é um axioma clássico, sempre vinculado à antiga arte da alquimia. Claro que não há ninguém que acredite que vai fazer ouro através da combinação de elementos químicos e/ou minerais; tudo são alegorias, uma vez que o conhecimento sempre foi velado aos profanos através da linguagem simbólica. Em nossa caminhada de aprimoramento íntimo, repetidamente vivenciamos o acréscimo, a retirada e a combinação de vários elementos emocionais e psicológicos à matéria prima inicial, simbolicamente, nosso ego encarnado. Não há como permanecermos os mesmos diante de novas experiências, ou de repetidas vivencias, encaradas com um olhar diferente pelo observador.

Já dizia o filósofo Heráclito: "Ninguém entra em um mesmo rio uma segunda vez, pois quando isso acontece, já não se é o mesmo, assim como as águas que já serão outras".

Todos encarnado cresce ainda adormecido do infinito divino que habita em si. Não é a primeira passagem do espírito neste orbe, mas tal qual um livro do qual se lê alguns capítulos, e depois é abandonado na estante, é preciso retomar e recordar sua narrativa para que a história faça algum sentido! Nascemos "esquecidos" de quem realmente somos, e dá trabalho encontrar o "fio da meada" da nossa jornada espiritual.

Uma característica da sagrada alquimia intima é o eterno movimento, superando etapas e ciclos. Assim é a vida! Vida é energia em movimento, manifestada em fases, ora agregando valores que buscam a individualização, ora se desintegrando de volta ao todo, fonte primeva da vida. O homem que está preso à "roda das encarnações" deve aproveitar cada experiência, cada momento, a fim de se tornar independente, lúcido, maduro no seu próprio tempo. Cada fase vivida é somada ao todo, na reconstituição de um mosaico pessoal, o qual só com o tempo conseguiremos visualizar.

> Naturalmente, já sabemos que dentro do Terreiro da Natureza nada se perde, tudo se transforma. Assim também o homem primitivo vai se transformando pouco a pouco, até atingir o segundo período de homem inferior. Ele inicia então os seus entendimentos para dar uma direção interpretativa aos fatos que se sucedem em torno de si.
>
> Caboclo Mirim

"Coagula e Dissolve" nada mais é do que "condensar e descondensar", um dos princípios basilares da Umbanda de Mirim. Em geral, vivemos a primeira fase de "coagulação" da infância até o início da vida adulta. Passamos um terço da vida buscando consolidar nossa presença neste mundo, forjando a personalidade através da observação em nosso meio familiar, depois pelo meio social, e ainda com a capacitação vinda pela obtenção de conhecimentos tanto pela forma escolar/acadêmica quanto pelas próprias experiências da vida prática. É o processo natural em que, diante do espelho, conseguimos dar uma primeira resposta a uma das perguntas fundamentais de todo ser humano: "Quem sou?". É preciso conhecer o mundo, é preciso viver o mundo, é preciso vencer no mundo! É assim que vamos criar as raízes firmes que nos permitirão crescer aos céus! Não comemos luz, precisamos de roupas, de uma moradia, de boas condições materiais para que possamos seguir adiante. A fome da alma geralmente vem após saciar a fome do corpo...

Este é o "homem inferior" tão mencionado por Mestre Mirim! Vive no mundo, para o mundo. Não tem tempo para ouvir a própria alma, sufocada pelas exigências da personalidade. Acabamos nos tornando múltiplos, criando "máscaras", criando personagens que se adequam ao que esperam de nós nos vários ambientes que frequentamos. Quantas doenças não advém dessa dicotomia, pelo compartimentar de nosso ser único e indivisível, numa esquizofrenia devida à total incompatibilidade da nossa porção matéria e nossa porção etérea!

Adormecido às coisas espirituais, o "homem inferior" é sacudido pela vida para que se questione, para que saia da sua "zona de conforto" material, e ouça a voz do espírito. Em algum momento, situações vão mostrar as forças de ação e reação, e que os fins não podem justificar os meios.

A escola da vida estimula o "homem inferior" a romper a casca que criou em torno de si, o ego, a personalidade profana consolidada. Passo a passo, vamos entender que não somos médicos, não somos donas-de-casa, não somos policiais, não somos professores, não somos juízes ou advogados, não somos empresários, não somos chefes ou subalternos, não somos C.C.Ts ou Iniciandos... só ESTAMOS ali, fazendo o nosso melhor, na posição que ocupamos! SOMOS apenas seres humanos.

Mas Caboclo Mirim sempre foi bastante pragmático. Palavras, sem ação, pouco valem. Sendo assim, exercitamos o princípio do "Coagula e Dissolve" repetidamente, desde que botamos a "roupa branca" na tenda. Se você é doutor lá fora, esqueça. Todos começam cambonando, "batendo cabeça", servindo e sendo útil onde quer que seja na tenda. Se temos mediunidade de incorporação, vamos aprender a trabalhar em equipe, somando às fileiras do trabalho espiritual. Logo estaremos sentados no banco, e novamente, condensando e descondensando, através da interação com energias diversas e presenças estranhas, cristalizando o sutil entre nós, para imediatamente depois quebrarmos o "negativo" pelo contato com o "positivo" em torno dos trabalhadores. A verdadeira Escola de Mirim permite se estar envolvido em um ritual de superior categoria, que neutraliza e anula a ação de forças inferiores, coletivamente e individualmente.

Os anos de prática tornam o médium um perspicaz e sensível observador dos movimentos astrais, das ondas de energia que nos envolvem cotidianamente e, principalmente, de como as almas humanas sofrem pelas consequências de suas ações irresponsáveis quando neste orbe. Nenhum de nós quer chegar "do lado de lá" da maneira que percebemos os irmãos que se fazem presentes no trabalho de banco! É um alerta, e um grande aprendizado.

Ninguém muda só porque entrou para a tenda, ou porque já é médium passista. Lamento dizer, mas ainda és "homem inferior"! Ninguém, nem sequer um espírito de luz, vai te obrigar a melhorar como pessoa. É você que tem de se incomodar em continuar a ser como é, para então persistir na prática dos melhores valores humanos, como a tolerância, a paciência, o altruísmo e o amor desinteressado ao próximo! Ao invés de tentar extirpar artificialmente os venenos da alma, acrescenta-se novos e poderosos elementos à alma, de forma que se combinem com o que está lá, até surgir algo novo, o "ouro" da Alquimia. A ocultista Helena Blavatsky já dizia: "A perfeição, para ser completa, deve nascer da imperfeição; o incorruptível deve brotar do corruptível, tendo a este por veículo, base e contraste."

> O Terreiro da Natureza é o Templo Secreto onde se opera a grande magia da Vida Suprema, para impregnar no homem físico as emanações de descondensação favoráveis à sua desintegração. Porque, sendo a vida física uma forma transitória, ela obedece às contingências do ambiente TEMPO para uma renovação constante e perfeita.
>
> Caboclo Mirim

Este processo terapêutico é lento, homeopático, e esse tempo precisa ser observado! Se passamos um terço da vida tentando ser alguém respeitado em nosso meio mundano, através dos valores mundanos, não será em dois anos que transformações significativas serão observadas. Por isso, a prática da caridade tem de ser desinteressada, a vivência na tenda tem de ser altruísta, sem permitir que essa jornada seja maculada com as pequenezas do mundo profano. Conheci vários irmãos que mesmo lado a lado de uniforme branco, não mudaram por dentro. Continuaram na tenda atrás de méritos, de "medalhas", de reconhecimento, de GRAUS na Escola! São esses que sempre têm pressa!

> O verdadeiro caminho é um só; os outros são preparados pela pressa da nossa ignorância. O homem sempre pretende andar ligeiro, para provar aos outros virtudes apressadas que o altar da paciência desconhece.
>
> Caboclo Mirim

Há perigos reais nos trabalhos da Umbanda, o que muitas vezes é negligenciado até por quem se diz dirigente de uma comunidade. Imagine um curioso, que assistiu a alguns vídeos no *Youtube*, tentar bancar o eletricista fazendo ligações com fios de alta tensão, sem sequer uma proteção de luvas de borracha? É muita inconsequente quem quer graus numa tenda, cada vez mais assumindo responsabilidades consigo, com os irmãos e assistentes, sem ainda ter a exata noção, o treinamento e a sensibilidade apurada pelos anos de experiência. O corpo mediúnico de uma tenda lida diretamente com seres invisíveis, "habitantes" do plano astral de todas as qualidades e de todos os subplanos. Sem capacidade de discernimento, o médium pode cair nas armadilhas de almas ardilosas, que encontrarão no indivíduo apressado campo fértil para suas manifestações. Sem disciplina, a Umbanda pode ajudar a escravizar, ao invés de libertar!

> O homem deve compreender que, pelo modo de aplicar sua atenção, ele vai materializando cada vez mais a sua personalidade, a ponto de se escravizar inteiramente aos fenômenos físicos, permitindo com isto a criação de uma segunda natureza, que pelos sentimentalismos, o obriga a permanecer indefinidamente na vida física aplicada.
>
> Caboclo Mirim

É típico do ser humano transferir para o sagrado os padrões do mundo profano. Por isso, médiuns apressados se deixam seduzir por almas que exibem valor, poder e uma vaidade quase indisfarçáveis, em ressonância com as mazelas encontradas no coração do "hospedeiro". Por isso, nossa escola faz com que passemos anos na tenda tentando descondensar nossa personalidade, tentando deixar de ser "homem inferior" pelo esforço íntimo e vontade de ser útil, nos alinhando gradativamente à manifestação da luz maior que recebemos dos guias.

> Por que o homem, por exemplo, não faz uso da paciência como única forma de norteá-lo ao caminho dos bons costumes? Se ele tem à sua disposição esta grande amiga "a paciência" por que prefere a desorientação da pressa, para chegar sempre atrasado? O homem nunca conseguirá deixar de estar onde estiver, embora as suas vontades apresadas sempre pretendam os lugares em que ele ainda não pode estar. "
>
> Caboclo Mirim

O apressado logo quer a chancela de uma entidade famosa, e para tanto, tudo vai virando um espetáculo. Ou seja, não havendo a necessária descondensação do ego, mais "camadas" vão sendo acrescidas numa espiral sem fim. Se no início do desenvolvimento mediúnico pode ter realmente havido a presença luminosa da espiritualidade, após tantas camadas de nomes, títulos e acessórios, tudo fica oco, vazio. O apressado "chegou lá", sem nunca ter saído do ponto de partida...

Caboclo Mirim alertava, já há décadas atrás, o quanto o conhecimento adquirido em livros, cursos e afins, condensa cultura material. Mas se "condensa", está ainda na primeira fase do desenvolvimento do "homem inferior"! É "letra morta", que só envaidece! Conhecimento só traz desenvolvimento quando é útil, quando é aplicado em benefício de todos. Aí, transforma também o homem! Irá agir como elemento descondensador do ego, em ação que eleva o padrão vibratório e vai se transformando em "sabedoria de encarnação", nas palavras de Mirim.

> É a peça fundamental do progresso espiritual ser disciplinado dentro do terreiro. É a arte que se adquire na prática da força de vontade e da humildade verdadeira. É toda uma educação, todo um programa que, se for levado à sério, dará resultados positivos espirituais e materiais. "
>
> Caboclo Mirim

Verdadeiras transformações só ocorrem quando se dão naturalmente. Quando falamos de boas práticas, não estamos de forma alguma ditando um "código de conduta" arbitrário. Longe disso! Mas a busca de um hábito constante de praticar, sem esforço ou luta, aquilo que consideramos certo, pela ótica do bom senso. Desta forma, a Escola da Vida quer te fortalecer a caminhar numa vida sem distâncias entre o que se faz e o que se diz, com o coração e a consciência voltados para fins nobres e superiores.

Você é um filho de fé querido, conhece o bem, conhece e Lei de Deus! Seja senhor de seus atos, reflita sobre perdas e ganhos de cada ato que pretenda realizar, e desde que não agrida ninguém, nem a você mesmo, é justo! Aprenda a ouvir sua intuição, para que, de maneira responsável e com coerência, suas decisões acrescentem sua energia às suas ações. Seu trabalho será construtivo, será expressão do seu mundo interior! Por isso mesmo, busque fazer tudo da melhor forma possível, mesmo aquilo que somos obrigados a fazer, pois há sua energia envolvida. Sim, temos nossas limitações e devemos respeitá-las, mas cada pequenina coisa pode ser vivida como um ato de criação, de realização. Então, sinta o valor, sinta o reflexo de cada ação benéfica em torno de seu mundo! Movemos energias todo o tempo, por isso, só são nossas atitudes que dirão como elas irão se manifestar em nossas vidas.

> Em verdade eu afirmo: espiritualização é o ato de descondensarmos a nossa personalidade e nunca aquele em que procuramos condensar pela objetivação de conhecimentos mentais, aumentando ainda mais o nosso patrimônio emocional na falsa suposição de que a espiritualização possa ficar subordinada à forma de interpretação da nossa personalidade.
> Espiritualização é uma palavra emprestada à escola da vida para traduzir, de forma acessível a todos, aquilo que a escola da vida compreende como energia condensada e descondensada.
> Afinal, como pode o homem tentar procurar a espiritualidade? Ele deveria antes verificar que a espiritualidade não se procura: VIVE-SE!
>
> Caboclo Mirim

Quando encarnados entre nós, os grandes exemplos de missionários do Altíssimo sempre nos lembraram que um verdadeiro espiritualista é apenas um intermediário entre o plano astral superior e a nossa realidade. Há de se ter humildade! Há de se desenvolver uma elevada ética interna, que transcende as religiões e nos aproxima da humanidade. Lapidados pelo trabalho incessante no bem, consolidaremos um ser humano mais bonito, mais simples, e pleno de paz!

Umbanda: Caminho para as almas

Acredito que, para quem acompanhou tudo que aprendemos com Caboclo Mirim até aqui, fará sentido a clássica frase do Mestre: "A Umbanda não trabalha com as almas, mas para as almas". Para começar, não seguimos o dito popular "morreu virou santo". O que mais encontramos nas sessões de caridade é desencarnado precisando de ajuda, de amor e carinho, de encaminhamento para uma esfera maior da espiritualidade! Não é porque não tem corpo, não é porque "baixa" no terreiro, que é digno de honrarias! Do mesmo jeito que no espiritismo sempre aparece um "doutor" ou uma personalidade famosa para tentar ditar aos incautos suas impressões, e obter toda a atenção dos presentes, na Umbanda não é diferente. Basta a tenda relaxar com a disciplina, permitindo apartes não programados de "visitantes" do astral, para o terreiro se tornar palco convidativo a seres levianos e, no fundo, zombeteiros. Por isso, na escola de Mirim, a palavra é de prata, mas o silêncio é de ouro!

Como vimos no decorrer deste livro, o homem agrega em torno de si uma série de crenças, de conhecimentos adquiridos e padrões advindos das emoções que marcaram sua passagem neste orbe, e que moldam sua personalidade mundana. Quando termina a conexão com o corpo físico e inicia-se a caminhada no astral, muitos ainda se revestem com essa "camada" de valores, apegando-se a uma persona que acreditam ser o eu verdadeiro. Desta forma, tornam-se prisioneiros de si próprios, de seu universo mental particular, até que se permitam despertar para uma nova realidade.

> Viva a vida como ela se apresenta para você na sua verdadeira beleza, prezando conscientemente pelo seu corpo físico e espiritual. Não se esqueça que as cicatrizes do corpo físico logo saram, mas as cicatrizes da alma cada um carregará pela eternidade. Zele também por sua alma enquanto lhe sobra tempo nesta fase corpórea. Leia o livro da sua própria existência todo dia.
>
> Caboclo Mirim

A vida manifestada vai e vem em ciclos, energia que se "coagula e dissolve" incessantemente. A experiência da encarnação deve ser oportunidade de aprendizado, de percepção através do contraste entre os planos de consciência, a fim de nos tornar independentes, lúcidos e maduros, cada um no seu próprio tempo. Uma centelha de vida mais desenvolvida, um ser de luz (como costumamos dizer), quando desconectado da matéria densa, não se fixa mais ao seu corpo astral, ou seja, aos aspectos de uma personalidade moldada em uma única encarnação, tendo visto que já transita em planos mais elevados de consciência. Como no alto de uma montanha, adquiriu uma visão mais ampla do todo o caminho, plenamente consciente das várias passagens no plano terreno.

Então me parece que o umbandista ainda confunde a "roupagem fluídica" opcional com as manifestações espirituais que permanecem atreladas ao ego de quando encarnado. Um ser de luz não precisa provar sua presença por fantasias, adereços, tiques ou superstições. Lembram do Caboclo das Sete Encruzilhadas, na mesa espírita em 1908? Um vidente presente naquela ocasião questionou a manifestação fluídica do índio brasileiro, porque conseguia ver além: "Por que fala deste modo, se estou vendo que me dirijo neste momento a um jesuíta e a sua veste branca reflete uma aura de luz? "

Apresentar-se através dos arquétipos da Umbanda, seja caboclo, preto-velho ou criança, é OPÇÃO de um ser de luz, não uma necessidade. Não há muletas nem grilhões para um espírito incorporar no seu médium, dentro da escola de Mirim. Qualquer manifestação que exija ostentação estética a serviço da caracterização, ou ainda de meia dúzia de cambonos para acontecer, era considerada excêntrica nos tempos de Caboclo Mirim na Tenda. Das duas uma: ou é exacerbação da vaidade do médium, portanto, teatralização; ou não é manifestação de um ser de luz, e sim, de uma ALMA ("egun"), ou seja, um desencarnado que utiliza da fé dos presentes para impor sua "abrilhantada" presença, totalmente materializada, para compensar a falta da verdadeira luz espiritual!

Já vimos que almas são apenas desencarnados que transitam no plano astral inferior, se utilizando do veículo consciencial próprio para isso, o seu "corpo astral". O plano astral é bastante diverso, subdivido em regiões onde se agregam seres de semelhante padrão vibratório. Quanto menos desenvolvido o "corpo mental", menos influencia terá este sobre o “corpo astral” e, por conseguinte, mais as impressões emotivas deste último conduzirão o ser no mundo sutil. O “corpo astral” carrega as impressões da última encarnação, então, na maioria dos casos, continuará a se manifestar através de uma visão limitada da própria realidade, com a manutenção das pequenezas humanas tais quais os vícios do corpo, modos, linguajar, e todo o arcabouço de crenças que moldaram o indivíduo quando encarnado. Muitos desencarnados até conseguem manter por algum tempo aquele “campo energético” que mencionei lá no início do livro, usando-o como um “cascão” astral, para assim ser visto por sensitivos tal como era.

Quem disse que não levamos nada desse mundo? Levamos o que vivemos, sentimos e aprendemos! Caboclo Mirim advertia:

> Assim, pois, nós que nos dizemos umbandistas, devemos pautar nossa vida material, e principalmente, a vida do nosso corpo físico, de maneira que possa ter toda a plenitude de sua ação saudável, quando estivermos colaborando para as finalidades reais do nosso despertar.
>
> Caboclo Mirim

E como é triste o despertar para aqueles desencarnados que realmente não despertaram!

A Umbanda trabalha para esse despertar da consciência, trabalha até PARA as almas que ainda não compreenderam que há mais além da vida encarnada! Muitos recebem ajuda naquele “trabalho de banco”, outros são amparados pelos seres de luz, e encaminhados para hospitais do astral, zonas de transição para quem ainda está confuso. Mas todos, uma vez despertos para a verdadeira realidade no astral, terão oportunidade para crescer na caridade, pois a jornada de expiações continua após a passagem terrena. Não eram raras as histórias de almas que, percebendo a gravidade dos seus atos aqui na Terra, muitas vezes envolvendo até a prática de magia, pediam para trabalhar nas tendas através da incorporação, a fim de resgatar dívidas cármicas. Caboclo Mirim autorizou a manifestação de casos assim, quando mais uma vez a Umbanda trabalhou PARA as almas, dando oportunidades para se libertarem dos últimos grilhões que as impediam de estar junto de uma espiritualidade maior. Conhecemos algumas almas assim, que na forma fluídica de pretos-velhos e pretas-velhas, vieram cumprir essa missão trabalhando na tenda discretos, em perfeita integração com a direção espiritual...

> Umbanda é a manifestação do espírito para a prática da caridade!
>
> Caboclo das Sete Encruzilhadas

Algumas vezes é o médium, que na sua pressa de "mostrar serviço", constrói as condições para um acoplamento vibratório com almas com poucas condições de acrescentar algo de positivo ao ambiente íntimo dele. É uma questão de afinidade! O umbandista em geral é uma pessoa cheia de boas intenções, quer ajudar ao próximo, quer ser útil, mas há de se ter paciência e confiança na liderança espiritual do morubixaba da tenda. Manter um médium no trabalho de banco, por exemplo, pode ser uma opção segura que em nada o diminui dentro da equipe, além de salvaguardar este médium das armadilhas do astral inferior, onde há seres maliciosos à espreita, esperando uma ovelha desgarrada.

Se isso vale para os de bom coração, imagina os médiuns mais maliciosos, que no seu íntimo, querem do astral benesses no plano material? Allan Kardec é uma referência que merece respeito. No século XIX já advertia os incautos através do seu *O Livro dos Espíritos*. Vejam a pergunta 550:

> Aquele que chama em seu auxílio os Espíritos, para deles obter os dons da fortuna ou qualquer outro favor, rebela-se contra a Providência, renuncia à missão que recebeu e às provas que deve sofrer neste mundo, e sofrerá as consequências disso na vida futura. Por amor aos gozos materiais, o indivíduo coloca-se na dependência dos Espíritos impuros: estabelece-se entre estes e ele um pacto tácito, que o conduz à perdição, mas que sempre lhe será fácil romper, com a assistência dos bons Espíritos, desde que o queira com firmeza.

Então, que fique claro que temos nossa responsabilidade em "abrir as portas" para almas presas ao astral inferior. Se damos a elas o "palco", se damos a elas "mais do mesmo" retroalimentando seus desejos, estaremos negando-lhes a oportunidade de evoluir. Umbanda é trabalho íntimo, é reforma íntima, é oportunidade de crescer.

A linha de Yofá rege o fluxo rítmico entre os planos da vida. Aqueles a quem chamamos na Umbanda de "pretos-velhos", são antiquíssimos espíritos que "navegam" nestes fluxos. São seres de luz que vêm entre nós trazendo a presença da força criadora do Espírito Santo, e sua realização em nosso plano. Sua sagrada manifestação é um convite ao retorno à pátria espiritual, ao reencontro com a espiritualidade maior, com a eternidade da nossa centelha de vida! E para todo fluxo há um refluxo, há um caminho de volta. Yofá é um convite à liberdade, ao fim da escravidão, que inspira médiuns e almas presentes na tenda ao crescimento, à evolução, a largar as pequenezas deste plano por uma integração com a luz maior.

Tempo e maturação

Devagar ou rápido, mas sempre em movimento, o tempo traz o ritmo da vida biológica em ciclos que se sucedem e se completam. E há enorme sabedoria em reconhecer esse pulsar universal, tal qual um pescador que usa as marés a seu favor na lida diária de entrar e sair da imensidão dos mares. O sábio não impõe sua vontade ao tempo, mas se prepara para ele, de maneira que as experiências aproveitem o melhor de cada momento, de cada movimento.

Em nossa ignorância, tentamos impor nossa ansiedade contemporânea e abreviar resultados em todos os aspectos das manifestações humanas. Afinal, somos filhos de uma sociedade industrial, que dinamizou as linhas de montagem de tal forma que muito mais seja finalizado num curto espaço de tempo, possibilitando atender às necessidades de multidões apinhadas nos centros urbanos, cuja densidade demográfica não para de crescer. A velocidade da produção passou a ser sinônimo de produtividade, pois assim dá para fazer mais num mesmo período. O tempo passou a render mais, já que "tempo é dinheiro"! E nesse embalo, a informatização da sociedade moderna também buscou levar mais e mais dados, cada vez mais rápido, a um número cada vez maior de pessoas. Sempre a velocidade fazendo o tempo "esticar", render mais! Mas como as máquinas são rápidas, o profissional precisa ser rápido, senão será uma peça destoante do processo. Peça defeituosa, peça descartável. Assim, tentamos estar à altura das máquinas e lentamente nos tornamos rasos, diretos, com reações rápidas quase automáticas, quase autômatos.

A cultura da velocidade foi contaminando tudo em torno de nós. Não temos "tempo a perder", seja com os outros, seja conosco. Mas se tudo nos exige reações rápidas, alguém roubou algo precioso que nos pertence: nosso próprio tempo! Nosso tempo interior, nossa própria velocidade que, por nossa vontade, imprime nosso próprio ritmo diante da vida. Se você não tem tempo para pensar, não tem tempo para refletir. Sem reflexão, não aprende a decidir. Se não decide, não administra. Obedece.

> O homem vive sempre apressado, vai e volta muitas vezes, enquanto o Terreiro da Natureza, que não tem pressa, fica sempre esperando por ele. A paciência reduz a caminhada que a pressa prolonga.
>
> Caboclo Mirim

Doutrinados pela cultura mundana vivemos apressados, curiosos em descobrir o que vem depois, e depois, e depois. Como quem esvazia num só gole a taça cheia de um bom vinho, consumimos avidamente experiências, sem se dar conta delas, sem absorver realmente o que elas têm a nos ensinar. E nesse frenesi de "fazer acontecer", chegamos cedo onde ainda não há nada a nos aguardar. Só o vazio, o quase, a decepção...

A vida biológica se manifesta no decorrer do tempo, entre dois extremos: o nascimento e a morte física. Neste intervalo, temos a liberdade de nos desenvolver, de desabrochar, de tentar e errar, de recomeçar. De imprimir pressa, e de desacelerar. Por isso a noção de tempo se torna algo pessoal, pois depende da relação do indivíduo com o mundo ao seu redor. Há quem diga que no sofrimento o tempo demora a passar, e que quando estamos felizes curtindo alguma coisa, o tempo voa! Mas o tempo segue seu ritmo implacavelmente, e não está nem aí para você. Então, uns dos segredos da vida está em perceber que você sente o tempo de acordo com a intensidade com a qual se vive dores e alegrias, na forma que nos detemos em cada um desses sentimentos. Tudo passa, tudo muda. Viva o presente, e cuidado com as distrações. Quando não prestamos atenção perdemos oportunidades, ferimos pessoas, não observamos as armadilhas do caminho e não nos preparamos para dias melhores. Quem escreve o próprio livro da vida é você!

> Sabemos que cada homem possui o direito absoluto de liberdade, mas, para o uso dessa liberdade é necessário que haja o tempo e o espaço suficiente. Neles se expandem para verificar que não têm limites, porque ele é o princípio sublime de um fim perfeito.
>
> Caboclo Mirim

A liberdade nos leva aos melhores resultados se for praticada com consciência e responsabilidade. Para tudo há o tempo certo, ou um tempo possível. Quem atrasa o plantio, pode perder a época das chuvas e não colher quase nada. Quem não estuda e se prepara na juventude, pode ter mais dificuldade em progredir na vida profissional. Quem dá bobeira e se torna pai/mãe ainda muito jovem, vai precisar abrir mão de muitas coisas para se dedicar ao bebê. Mas como eu disse antes, podemos correr atrás do "tempo perdido", superar as adversidades, e sincronizar nossa realidade com tudo aquilo que nosso potencial permite, pois, afinal, cada homem "é o princípio sublime de um fim perfeito".

Mas nunca devemos confundir velocidade com intensidade, nem quantidade com profundidade! No caminhar do espírito encarnado importante é manter um ritmo saudável, e cada um tem seu ritmo. Em geral, os jovens têm muito mais "gás" para se envolver em tantas coisas simultaneamente, mas uma vida agitada não se sustenta para sempre. Também é um ciclo, que deve estar a serviço da estabilidade a ser conquistada para as experiências em futuras fases da vida. Mestre Mirim nos adverte que "é necessário que haja o tempo e o espaço suficientes" para a maturação das ideias e dos indivíduos, ou seja, tudo tem seu tempo de acontecer. Uma fruta colhida antes do momento dela, nunca amadurecerá. Tente ajudar uma borboleta a sair do casulo, e a matará.

A prática da paciência e do convívio tranquilo é um dos pilares da filosofia da Umbanda ensinada por Caboclo Mirim. Se o tempo nos ensina a reconhecer os ciclos da vida, assim será também na escola da vida, e no nosso processo de amadurecimento pessoal diante do nosso sacerdócio íntimo. Ninguém deveria fazer parte de uma tenda com a preocupação de "fazer carreira", ou seja, galgar graus. Se isso o faz se sentir melhor que os outros, você não aprendeu nada. Quando começamos, chegamos doentes da alma. Cansados dos nossos rumos, encontramos na tenda um chamado para seguir num caminho transformador. Secamos as lágrimas, nos fortalecemos, nos sentirmos uteis a uma obra maior. Com regularidade, com ritmo, nos superamos e vamos de pacientes a terapeutas, quando passamos a colaborar com os trabalhos espirituais de cada sessão, mediunicamente ou não. Aprendemos a ser medianeiros, intermediários de forças poderosas, que se utilizam de todos nós (cada um focado em sua função) de forma que o ambiente esteja propício para a manifestação da luz maior entre nós. Aprendemos pela caridade a servir. Com disciplina e humildade, estaremos sempre lá, na nossa posição. Não porque sejamos indispensáveis (fraternalmente todos somos), mas porque é exatamente ali que queremos estar.

A Umbanda é o caminho, e a roupa branca na tenda a oportunidade. Oportunidade dada pelo terreiro da natureza para caminhar na gira da vida, ou seja, viver a prática do amor ao próximo e a si mesmo! Vamos lembrar que mestre Mirim ensina que a vida de cada um de nós se resume em três ciclos: o do despertar da inércia provocada pelo desejo manifestando-se no plano da matéria; o despertar da inteligência, pela busca de respostas, agregando teses, preceitos, fórmulas, padrões e tudo mais que se cristaliza no que chamamos de "personalidade"; e o despertar para a vida espiritual, quando o indivíduo finalmente amadurece (quando amadurece), e passa a se perceber como dependente daqueles desejos e escravo de seus dogmas, frutos da sua própria vaidade secreta. Viver isso tudo requer tempo, de forma a permitir a ação da "magia da vida suprema" a descondensar e desintegrar as coisas que não nos servem mais, nos ajudando a nos livrar daquelas bagagens inúteis que insistimos em carregar.

O objetivo da vida condensada não é dar expansão a caprichos que em si mesmo não existem, mas sim, proporcionar o grande aproveitamento da presença de uma força de energia superior, que se utilizará desta oportunidade para, através da radioatividade sobre o corpo somático, se ligar inteiramente como ação positiva na vida manifestada.

Caboclo Mirim

A escola da vida nos ensina a nos desapegarmos! Por que insistimos em manter vivos tantos "personagens" e "máscaras", adentrando ao caminho espiritual já cheios de certezas, rígidos, professores de tudo? Como vimos lá no primeiro capítulo deste pequeno livro, somos compostos de corpo (matéria), alma (mente) e espírito. Nossa consciência evoluí através das vivências em cada ciclo, e muito daquilo que era uma "verdade absoluta" em um ciclo, pode ser visto como pueril em outro nível de consciência. Isto vale para nossas opiniões, dogmas, e até para as manifestações mediúnicas. Por isso existem graus entre os médiuns! Todas as fases são importantes, mas o que aprendemos em um nível, segue apenas como experiência no outro. Há indivíduos que insistem em nos lembrar que "nasceram prontos", pois já chegam na tenda com um currículo impecável: têm três exús, dois caboclos, dois pretos velhos, criança, um médico da linha do Oriente, uma linda Iansã, etc, etc etc. Cada papel tem tudo bem definido, seja no falar, nos apetrechos, nas exigências para se manifestar. Peço um momento de reflexão, irmãos: onde está a atuação da "magia da vida suprema", que descondensa as personalidades, nos levando à perfeita integração com a luz maior?

O homem dever compreender que, pelo modo de aplicar sua atenção, ele vai materializando cada vez mais a sua personalidade, a ponto de se escravizar inteiramente aos fenômenos físicos, permitindo com isto a criação de uma segunda natureza, que pelos sentimentalismos, o obriga a permanecer indefinidamente na vida física aplicada. "

Caboclo Mirim

O caminhar anônimo pela gira da vida, sendo mais um no atendimento fraterno, traz lições preciosas sobre nossa condição humana. Nas giras na tenda, vividas no silêncio indispensável da alma, os médiuns são levados a estados de consciência cada vez mais elevados. Não há o outro, há você e a rgrégora poderosa que te recebe. Há as curimbas que te envolvem, como mantras que te levam à meditação. Não são experiências físicas, não importa o que o acontece ao redor. É só você e a vibração! Não há fome, não há sede, não há TEMPO. Aprendemos a reconhecer este estado de ausência, de separação da realidade física. E percebemos a plenitude da manifestação do guia espiritual, em luz e sabedoria!

Por isso um comandante sabe que deve resistir à pressão velada por promover médiuns, porque tudo tem seu tempo. Alguns acham que, se aprenderem os trejeitos do guia, definindo o "personagem", estão prontos para ascender na tenda... e não é nada disso! Na escola de Mirim ninguém deveria estar preocupado com nome de entidade, ou se é filho desse ou daquele orixá. Essa postura vai na contramão da filosofia do Mestre, porque incentiva a cristalizar o "personagem", e se isso acontecer, bem provavelmente não haverá mais o que fazer. Não há mais mediunidade inconsciente, então, lembre--se que há você ali, sob a irradiação do guia! Esteja aberto às mudanças: se quando era médium de banco o guia incorporava dando um brado, isso pode acabar de repente, se você e o guia entenderem que é inconveniente, por exemplo. Se a manifestação vinha num linguajar enrolado, tipo "mizi fio", não quer dizer que em dado momento a entidade não possa te mostrar que ela não precisa mais se expressar assim para trabalhar. E isso vale para colares, bengalas, chapéus, toalhas, saias etc. ...

> Assim, pois, cada cavalo deve, naturalmente, se harmonizar, procurar apenas o seu lugar na tenda, realizando somente o que deve e nunca fugindo da sua grande disciplina, para que as vontades pessoais não intercedam desarticulando a fonte de irradiação saudável.
>
> Caboclo Mirim

Conheci médiuns que, incorporados, não conseguiam fechar os olhos numa gira. Para mim, isso é algo sintomático. Só o que vinha "de fora" interessava, sempre reagindo às circunstâncias ao redor. Se estamos num ambiente de luz, envolvidos pela manifestação de um ser iluminado, o coração transborda nessa comunhão que eleva nosso padrão vibratório até a egrégora que nos ampara e orienta. Mesmo tendo responsabilidades na gira, é preciso se entregar e se permitir viver o êxtase de estar à porta de um plano maior de existência, mesmo que por alguns momentos.

As mais profundas lições trazidas pelos seres de luz não precisam de muitas palavras para chegar aos nossos corações! Só sua presença cala fundo à alma. E em gratidão, só podemos ofertar nosso silêncio interior, de tal forma que caiam as barreiras da separatividade que o ego insiste em preservar.

O Mestre ensinou que a Umbanda transforma quem permite a expansão da sua centelha de vida, imprimindo em sua realidade seu próprio ritmo, vivendo com paciência "os rituais da personalidade com um modo bondoso e meigo". Desta forma, o tempo irá operar sua magia, a maturidade trará preciosas lições, e cada filho de fé perceberá que somente aplicando o "Silêncio Supremo que a própria natureza da vida oferece" estaremos em ressonância com nossa luz eterna, fonte infinita de paz.

Observação:

Todas as citações de Benjamin Gonçalves Figueiredo / Caboclo Mirim foram extraídas dos seguintes livros:

FIGUEIREDO, Benjamin Gonçalves. *Umbanda na Escola da Vida.* Rio de Janeiro, 1953.

FIGUEIREDO, Benjamin Gonçalves. Okê Caboclo: mensagens do Caboclo Mirim. São Paulo: ECO, 1962.

ALUNO DE MIRIM
foi confeccionado em impressão digital, em agosto de 2023
Conhecimento Editorial Ltda
(19) 3451-5440 — conhecimento@edconhecimento.com.br
Impresso em Luxcream 80g – StoraEnso